Copyrighted Mater

Copyrighted Material

This book or parts thereof may not be reproduced in any form whatsoever, store or transmitted by any means-electronic, photocopy, mechanical, recording or otherwise without prior permission of the publisher.

Copyright @2019 by Zakariya ibn Abd Qadir

All right reserved

TABLE OF CONTENTS

Exercise 1: Word search - Islamic days of the week	3
Exercise 2: Word search - Islamic Months	4
Exercise 3: Word search - Five Daily Prayers	6
Exercise 4: General Quiz	7
Exercise 5: Word Grid- Angels of Allah	9
Exercise 6: Word Search- 99 Names of Allah	11
Exercise 7: General Quiz	31
Exercise 8: Word Search: 25 Prophets Mentioned in the Quran	32
Exercise 9: Word Search: Wives of Prophet Muhammad (SAW)	37
Exercise 10: General Knowledge	39
Exercise 11: Word Search: Children of Prophet Muhammad (SAW)	41
Exercise 12: Word Search: 6 articles of Faith	42
Part Two: Solutions to the exercises	44
Solutions to the exercises	82

WORD SEARCH

ISLAMIC DAYS OF THE WEEK

Use pencil to trace

A	T	H	I	H	A	L	A	T	H	A	U	I	O	P	L	I	K	J	M	G	T
B	L	N	D	B	R	I	G	R	G	J	I	K	N	I	G	E	R	P	K	O	P
D	S	O	K	O	T	O	L	A	G	O	S	I	A	R	T	S	E	M	C	O	J
U	F	O	E	M	E	N	T	U	L	P	P	O	L	S	S	I	O	N	K	C	A
L	L	T	M	A	C	H	I	N	E	I	D	E	A	T	U	L	O	L	O	K	J
R	I	L	O	R	I	N	K	W	A	R	A	D	R	E	S	A	E	R	A	O	P
A	S	S	A	B	T	B	O	M	T	E	J	F	B	E	C	A	N	N	O	A	K
S	C	O	N	N	E	C	T	I	O	N	G	H	I	A	J	E	R	S	E	O	T
H	A	C	C	I	D	E	C	O	M	O	L	O	A	L	J	U	M	A	H	O	J
E	P	O	U	N	D	E	D	C	O	C	O	J	C	E	C	A	N	N	O	A	K
E	A	I	R	P	O	R	T	S	E	M	C	A	M	A	J	E	R	S	E	O	T
D	D	O	L	L	I	S	S	I	O	N	K	J	N		A	L	A	H	A	D	
M	B	O	N	N	E	T	U	L	O	L	O	P	O	J	L	R	T	S	E	M	C
A	B	A	R	A	J	E	S	A	E	R	A	K	C	A	K	S	S	I	O	N	K
K	P	E	O	P	L	E	C	A	N	N	O	T	K	J	H	T	U	L	O	L	O
N	D	E	M	O	L	A	J	E	R	S	E	Y	O	P	A	E	S	A	E	R	A
A	T	U	O	A	L	I	T	H	N	A	Y	N	A	K	M	E	C	A	N	N	O
L	A	M	A	N	A	H	I	H	M	A	N		O	T	E	A	J	E	R	S	E
G	A	R	A	G	E	K	O	C	A	M	P	I	N	H	E	U	N	I	T	Y	I
R	A	M	A	D	A	N	K	H	I	T	A	B	D	K	S	T	F	G	S	A	J
I	S	L	A	M	I	C	A	L	E	N	D	A	R	M	U	B	A	R	A	Q	A
D	I	S	T	A	N	T	A	J	E	G	U	N	L	E	R	O	A	D	C	O	M

KEYWORDS

AS-SABT

AL-AHAD

AL-ITHNAYN

ATH-THALATHA

AL-ARBI'A

AL-KHAMEES

AL-JUM'AH

WORD SEARCH

ISLAMIC MONTHS

Use pencil to trace

A	T	H	I	H	A	L	A	T	H	A	U	I	O	P	L	I	K	J	M	G	T
B	L	N	D	B	R	I	G	R	G	J	I	K	N	I	S	A	F	R	K	O	P
D	S	O	K	O	T	O	L	A	R	O	S	I	A	R	T	S	E	M	C	O	J
U	F	O	E	M	E	N	T	U	A	P	P	O	L	S	S	I	O	N	K	C	A
L	L	T	M	A	C	H	I	N	B	I	D	E	J	T	U	L	O	L	O	K	J
R	I	L	O	R	I	N	K	W	I	R	A	D	U	E	S	A	E	R	A	O	P
A	S	S	A	B	T	B	O	M	L	E	J	F	M	E	C	A	N	N	O	A	K
S	C	O	N	N	E	C	T	R	A	B	I	L	A	L	T	H	A	N	I	O	T
H	A	C	C	I	D	E	C	O	A	O	L	O	A	L	J	U	M	A	H	O	J
E	P	O	U	N	D	E	D	C	W	C	O	J	D	E	C	A	N	N	O	A	K
E	A	I	R	P	O	R	T	S	W	M	C	A	A	A	J	E	R	S	E	O	T
D	D	O	L	L	I	S	S	I	A	N	K	J	A	K	A	L	A	H	A	D	D
M	B	O	N	N	E	T	U	L	L	L	O	P	L	J	L	R	T	S	E	M	C
A	B	A	R	A	J	E	S	A	E	R	A	K	A	A	K	S	S	I	O	N	K
K	P	E	O	P	L	E	C	A	N	N	O	T	W	J	H	T	U	L	O	L	O
N	D	E	M	O	L	A	J	E	R	S	E	Y	W	P	A	E	S	A	E	R	A
A	T	U	O	A	L	I	T	H	N	A	Y	N	A	K	M	E	C	A	N	N	O
L	A	M	A	N	A	H	I	H	M	A	N	D	L	T	E	A	J	E	R	S	E
G	A	R	A	G	E	K	O	C	A	M	P	I	N	H	E	U	N	I	T	Y	I
R	A	M	U	H	A	R	R	A	M	T	A	B	D	K	S	T	F	G	S	A	J
I	S	L	A	M	I	C	A	L	E	N	D	A	R	M	U	B	A	R	A	Q	A
D	I	S	T	A	N	T	A	J	U	M	A	D	A	A	L	T	H	A	I	O	M

KEYWORDS

MUHARRAM

SAFAR

RABIL A-AWWAL

RABIL AL-THANI

JUMADA AL-AWWAL

JUMADA AL-THA

WORD SEARCH

ISLAMIC MONTHS

Use pencil to trace

A	T	H	I	H	A	L	A	T	H	A	U	I	O	P	L	I	K	J	M	G	T
B	L	N	D	B	R	I	G	R	G	J	I	K	N	I	S	A	F	R	K	O	P
D	S	O	K	O	T	O	L	A	R	O	S	I	A	R	T	S	E	M	C	O	R
U	F	O	E	M	E	N	T	U	A	P	P	O	L	S	S	I	O	N	K	C	A
L	L	T	M	A	C	H	I	N	B	D	H	U	L	H	I	J	J	A	H	K	J
R	I	L	O	R	I	N	K	W	I	R	A	D	U	E	S	A	E	R	A	O	A
A	S	S	A	B	T	B	O	M	L	E	J	F	M	E	C	A	N	N	O	A	B
S	C	O	N	N	E	C	T	R	A	B	I	L	A	L	T	H	A	N	I	O	T
H	A	C	C	I	D	E	C	O	A	O	L	O	A	L	J	U	M	A	H	O	J
A	P	O	U	N	D	E	D	C	W	C	O	J	D	E	C	A	N	N	O	A	K
W	A	I	R	D	H	U	L	Q	A	D	A	H	A	A	J	E	R	S	E	O	T
W	D	O	L	L	I	S	S	I	A	N	K	J	A	K	A	R	A	H	A	D	D
A	B	O	N	N	E	T	U	L	L	L	O	P	L	S	H	A	I	B	A	N	C
L	B	A	R	A	J	E	S	A	E	R	A	K	A	A	K	M	S	I	O	N	K
K	P	E	O	P	L	E	C	A	N	N	O	T	W	J	H	A	U	L	O	L	O
N	D	E	M	O	L	A	J	E	R	S	E	Y	W	P	A	D	S	A	E	R	A
A	T	U	O	A	L	I	T	H	N	A	Y	N	A	K	M	A	C	A	N	N	O
L	A	M	A	N	A	H	I	H	M	A	N	D	L	T	E	N	J	E	R	S	E
G	A	R	A	G	E	K	O	C	A	M	P	I	N	H	E	U	N	I	T	Y	I
R	A	M	U	H	A	R	R	A	M	T	A	B	D	K	S	T	F	G	S	A	J
I	S	L	A	M	I	C	A	L	E	N	D	A	R	M	U	B	A	R	A	Q	A
D	I	S	T	A	N	T	A	J	U	M	A	D	A	A	L	T	H	A	I	O	M

KEYWORDS

RAJAB

SHAIBAN

RAMADAN

SHAWWAL

DHUL-QA'DAH

DHUL-HIJJAH

WORD SEARCH

FIVE DAILY PRAYERS

Use pencil to trace

A	T	H	I	H	A	L	A	T	H	A	U	I	O	P	L	I	K	J	M	G	T
B	L	N	D	B	R	I	G	R	G	J	I	K	N	I	S	A	F	R	K	O	P
D	S	O	K	O	T	O	L	A	R	O	S	I	A	R	T	S	E	M	C	O	R
U	F	O	E	M	E	N	T	U	A	P	P	O	L	S	S	I	O	N	K	C	A
L	L	T	M	A	C	H	I	N	B	D	H	U	L	H	I	J	J	A	H	K	J
R	I	L	O	R	I	N	K	S	A	L	A	T	Z	U	H	R	E	R	A	O	A
A	S	S	A	B	T	B	O	M	L	E	J	F	M	E	C	A	N	N	O	A	B
S	C	O	N	N	E	C	T	R	A	B	I	L	A	L	T	H	A	N	I	O	T
H	A	C	C	I	D	E	C	O	A	O	L	O	A	S	J	U	M	A	H	O	J
A	P	S	U	N	D	E	D	C	W	C	O	J	D	A	C	A	N	N	O	A	K
W	A	A	R	D	H	U	L	Q	A	D	A	H	A	L	J	E	R	S	E	O	T
W	D	L	L	L	I	S	S	I	A	N	S	A	L	A	T	I	S	H	A	D	D
A	S	A	L	A	T	F	A	J	R	L	O	P	L	T	H	A	I	B	A	N	C
L	B	T	R	A	J	E	S	A	E	R	A	K	A	M	K	M	S	I	O	N	K
K	P	A	O	P	L	E	C	A	N	N	O	T	W	A	H	A	U	L	O	L	O
N	D	S	M	O	L	A	J	E	R	S	E	Y	W	G	A	D	S	A	E	R	A
A	T	R	O	A	L	I	T	H	N	A	Y	N	A	H	M	A	C	A	N	N	O
L	A	M	A	N	A	H	I	H	M	A	N	D	L	R	E	N	J	E	R	S	E
G	A	R	A	G	E	K	O	C	A	M	P	I	N	I	E	U	N	I	T	Y	I
R	A	M	U	H	A	R	R	A	M	T	A	B	D	B	S	T	F	G	S	A	J
I	S	L	A	M	I	C	A	L	E	N	D	A	R	M	U	B	A	R	A	Q	A
D	I	S	T	A	N	T	A	J	U	M	A	D	A	A	L	T	H	A	I	O	M

KEYWORDS

SALAT FAJR

SALAT ZUHR

SALAT ASR

SALAT MAGHRIB

SALAT ISHA

GENERAL KNOWLEDGE

FILL IN THE BLANK SPACE

USE PENCIL

1- The Islamic Calendar is called ....

    A} English Calendar

    B} Persian Calendar

    C} Arabian Calendar

    D} Gregorian calendar

    E} Roman calendar

2- Islamic month is made up of .... days

    A} 28 or 29

    B} 30 or 31

    C} 31 or 32

    D} 29 or 30

    E} 35 or 36

3- The Islamic Calendar is based on .... Cycles

A} Solar

B} Lunar

C} Moon

D} Both A and B

E} Both A and C

4- The first month of Islamic Calendar is ....

A} Rajjab

B} Shaaban

C} Muharram

D} Safar

E} Shaban

5- Quran was revealed in the month of ....

A} Ramadan

B} Shaaban

C} Safar

D} Muharram

E} Rajab

ANGELS OF ALLAH

FILL IN THE BOX: USE PENCIL

KEYWORDS

MAALIK

RIDHWAN

KIRAAMAN KAATIBIN

MUNKAR AND NAKIR

ANGELS OF ALLAH

FILL IN THE BOX: USE PENCIL

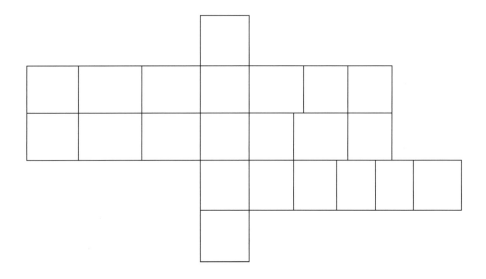

KEYWORDS

NAKIR

IZRAIL

ISRAFIL

MIKAIL

WORD SEARCH

99 NAMES OF ALLAH

Use pencil to trace

A	T	H	I	H	A	L	A	T	H	A	U	I	O	P	L	I	K	J	M	G	T
B	L	N	D	B	R	I	G	R	G	J	I	K	N	I	G	E	R	P	K	O	P
D	S	O	K	O	T	O	L	A	G	O	S	I	A	R	T	S	E	M	C	O	N
U	F	O	E	M	E	A	T	U	L	P	P	O	L	S	S	I	O	N	K	A	A
L	L	T	M	A	C	L	I	N	E	I	D	E	A	T	U	L	O	L	M	K	J
R	I	L	O	R	I	R	K	W	A	S	S	A	L	A	M	A	E	H	A	O	P
A	S	S	A	B	T	A	O	M	T	E	J	F	B	E	C	A	A	N	O	A	K
S	C	O	N	N	E	H	T	I	O	N	G	H	I	A	J	R	R	S	E	O	T
H	A	C	C	I	D	E	C	O	M	O	L	O	A	L	L	U	M	A	H	O	J
E	P	O	U	N	D	E	D	C	O	C	O	J	C	A	C	A	N	N	O	A	K
E	A	I	R	P	O	M	T	S	E	M	C	A	M	A	J	E	R	S	E	O	T
D	D	O	L	L	I	S	S	I	O	N	K	J	N	B	A	L	A	H	A	D	D
M	B	O	N	N	E	T	U	L	O	L	O	P	O	J	L	R	T	S	E	M	C
A	B	A	R	A	J	E	S	A	E	R	A	K	C	A	K	S	S	I	O	N	K
K	P	E	O	P	L	K	C	A	N	N	O	T	K	J	H	T	U	L	O	L	O
N	D	E	M	O	I	A	J	E	R	S	E	Y	O	P	A	E	S	A	E	R	A
A	T	U	O	L	L	I	T	H	N	A	Y	N	A	K	M	E	C	A	N	N	O
L	A	M	A	N	A	H	I	H	M	A	N	A	L	Q	D	D	U	S	R	S	E
G	A	M	A	G	E	K	O	C	A	M	P	I	N	H	E	U	N	I	T	Y	I
R	L	M	A	D	A	N	K	H	I	T	A	B	D	K	S	T	F	G	S	A	J
A	S	L	A	M	I	C	A	L	E	N	D	A	R	M	U	B	A	R	A	Q	A
D	I	S	T	A	N	T	A	J	E	G	U	N	L	E	R	O	A	D	C	O	M

KEYWORDS

AL RAHMAN

AL RAHEEM

AL MALIK

AL QUDDUS

AS SALAM

WORD SEARCH

99 NAMES OF ALLAH

Use pencil to trace

A	T	H	I	H	A	L	M	U	H	A	Y	M	I	N	L	I	K	J	M	G	T
B	L	N	D	B	L	I	G	R	G	J	I	K	N	I	G	E	R	P	K	O	P
D	S	O	K	O	M	O	L	A	G	O	S	I	A	R	T	S	E	M	C	O	N
U	F	O	E	M	U	A	T	U	L	P	P	O	L	S	S	I	O	A	K	A	A
L	L	T	M	A	M	L	I	N	E	I	D	E	A	T	U	L	O	L	M	K	J
R	I	L	O	R	I	R	K	W	A	S	S	A	L	A	M	A	E	J	A	O	P
A	S	S	A	B	N	A	O	M	T	E	J	F	B	E	C	A	A	A	O	A	K
S	C	O	N	N	E	H	T	I	O	N	G	H	I	A	J	R	R	B	E	O	T
H	A	C	C	I	D	E	C	O	M	O	L	O	A	L	L	U	M	B	H	O	J
E	P	O	U	N	D	E	D	C	O	C	O	J	C	A	C	A	N	A	O	A	K
E	A	I	R	P	O	M	T	S	E	M	C	A	M	A	J	E	R	A	E	O	T
D	D	O	L	L	I	S	S	I	O	N	K	J	N	B	A	L	A	R	A	D	D
M	B	O	N	N	E	T	U	L	O	L	O	P	O	J	L	R	T	S	E	M	C
A	B	A	R	A	J	E	S	A	L	A	Z	I	Z	A	K	S	S	I	O	N	K
K	P	E	O	P	L	K	C	A	N	N	O	T	K	J	H	T	U	L	O	L	O
N	D	E	M	O	I	A	J	E	R	S	E	Y	O	P	A	E	S	A	E	R	A
A	T	U	O	L	L	I	T	H	N	A	Y	N	A	K	M	E	C	A	N	N	O
L	A	M	A	N	A	L	M	U	T	A	K	A	B	B	I	R	U	S	R	S	E
G	A	M	A	G	E	K	O	C	A	M	P	I	N	H	E	U	N	I	T	Y	I
R	L	M	A	D	A	N	K	H	I	T	A	B	D	K	S	T	F	G	S	A	J
A	S	L	A	M	I	C	A	L	E	N	D	A	R	M	U	B	A	R	A	Q	A
D	I	S	T	A	N	T	A	J	E	G	U	N	L	E	R	O	A	D	C	O	M

KEYWORDS

AL MU'MIN

AL MUHAYMIN

AL AZIZ

AL JABBAAR

AL MUTAKABBIR

WORD SEARCH

99 NAMES OF ALLAH

Use pencil to trace

A	T	H	I	H	A	L	M	U	H	A	Y	M	I	N	L	I	K	J	M	G	T
B	L	N	D	B	L	I	G	R	G	J	I	K	N	I	G	E	R	P	K	O	P
D	S	O	K	O	M	O	L	A	G	O	S	I	A	R	T	S	E	M	C	O	N
U	F	O	E	M	U	A	T	U	L	P	P	O	L	S	S	I	O	A	K	A	A
L	L	T	M	A	M	L	I	N	E	I	D	E	A	T	U	L	O	L	M	K	J
R	I	L	O	R	I	R	K	W	A	L	K	H	A	A	L	I	Q	J	A	O	P
A	S	S	A	B	N	A	O	M	T	E	J	F	B	E	C	A	A	A	O	A	K
S	C	O	N	N	E	H	T	I	O	N	A	H	I	A	J	R	R	B	E	O	T
H	A	L	Q	A	H	H	A	A	R	O	L	O	A	L	L	U	M	B	H	O	J
E	P	O	U	N	D	E	D	C	O	C	G	J	C	A	C	A	N	A	O	A	K
E	A	I	R	P	O	M	T	S	E	M	A	A	M	A	J	E	R	A	E	O	T
D	D	O	L	L	I	S	S	I	O	N	F	J	N	B	A	L	A	R	A	D	D
M	B	O	N	N	E	T	U	L	O	L	F	P	O	J	L	R	L	S	E	M	C
A	B	A	R	A	J	E	S	A	L	A	A	I	Z	A	K	S	B	I	O	N	K
K	P	E	O	P	L	K	C	A	N	N	R	T	K	J	H	T	A	L	O	L	O
N	D	E	M	O	I	A	J	E	R	S	E	Y	O	P	A	E	A	A	E	R	A
A	T	U	O	L	L	I	T	H	N	A	Y	N	A	K	M	E	R	A	N	N	O
L	A	M	A	N	A	L	M	U	T	A	K	A	B	B	I	R	I	S	R	S	E
G	A	M	A	G	E	K	O	C	A	M	P	I	N	H	E	U	N	I	T	Y	I
R	L	M	A	D	A	N	K	H	I	T	A	B	D	K	S	T	F	G	S	A	J
A	S	L	A	M	I	C	A	L	E	N	D	A	R	M	U	B	A	R	A	Q	A
D	I	S	T	A	L	M	U	S	A	W	W	I	R	E	R	O	A	D	C	O	M

KEYWORDS

AL KHAALIQ

AL BAARI

AL MUSAWWIR

AL GAFFAR

AL QAHHAAR

WORD SEARCH

99 NAMES OF ALLAH

Use pencil to trace

A	T	H	I	H	A	L	M	U	H	A	Y	M	I	N	L	I	K	J	M	G	T
B	L	N	D	B	L	I	G	R	G	J	I	K	N	H	G	E	R	P	K	O	P
D	S	O	K	O	M	O	L	A	G	O	S	I	A	R	T	S	E	M	C	O	N
U	F	O	E	M	U	A	T	U	L	P	P	A	L	S	S	I	O	A	K	A	A
L	L	T	M	A	M	L	Q	N	E	I	T	E	A	T	U	L	O	L	M	K	J
R	I	L	O	R	I	A	K	W	A	T	K	H	A	A	L	I	Q	J	A	O	P
A	S	S	A	B	Z	A	O	M	A	E	J	F	B	E	C	A	A	A	O	A	K
S	C	O	N	Z	E	H	T	F	O	N	A	H	I	A	J	R	R	B	E	O	T
H	A	L	A	A	H	H	L	A	R	O	L	O	A	L	L	U	M	B	H	O	J
E	L	R	L	N	D	A	D	C	O	C	G	J	C	A	C	A	N	A	O	A	K
A	L	I	W	P	O	M	T	S	E	M	A	L	Q	A	A	B	I	D	H	O	T
A	D	O	A	L	I	S	S	I	O	N	F	J	N	B	A	L	A	R	A	D	D
M	B	O	H	N	E	T	U	L	O	L	F	P	O	J	L	R	L	S	E	M	C
A	B	A	H	A	J	E	S	A	L	A	A	I	Z	A	K	S	B	I	O	N	K
K	P	E	A	P	L	K	C	A	N	N	R	T	K	J	H	T	A	L	O	L	O
N	D	E	A	O	I	A	J	E	R	S	E	Y	O	P	A	E	A	A	E	R	A
A	T	U	B	L	L	I	T	H	N	A	Y	N	A	K	M	E	R	A	N	N	O
L	A	M	A	N	A	L	M	U	T	A	K	A	L	A	L	I	M	S	R	S	E
G	A	M	A	G	E	K	O	C	A	M	P	I	N	H	E	U	N	I	T	Y	I
R	L	M	A	D	A	N	K	H	I	T	A	B	D	K	S	T	F	G	S	A	J
A	S	L	A	M	I	C	A	L	E	N	D	A	R	M	U	B	A	R	A	Q	A
D	I	S	T	A	L	M	U	S	A	W	W	I	R	E	R	O	A	D	C	O	M

KEYWORDS

AL WAHHAAB

AR RAZZAQ

AL FATTAAH

AL ALIM

AL QAABIDH

WORD SEARCH

99 NAMES OF ALLAH

Use pencil to trace

A	T	H	I	H	A	L	M	U	H	A	Y	M	I	N	L	I	K	J	M	G	T
B	L	N	D	B	L	I	G	R	G	J	I	K	N	H	G	E	R	P	K	O	P
D	S	O	K	O	M	O	L	A	G	O	S	I	A	R	T	S	E	M	C	O	N
U	F	O	E	M	U	A	T	U	L	P	P	A	L	S	S	I	O	A	K	A	A
L	L	T	M	A	M	L	Q	N	E	I	T	E	A	T	U	L	O	L	M	K	J
R	I	L	O	R	I	A	K	W	A	T	K	H	A	A	L	I	Q	J	A	O	P
A	S	S	A	B	Z	A	O	M	A	E	J	F	B	E	C	A	A	A	O	A	K
S	C	O	N	Z	E	L	T	F	O	N	A	H	I	A	J	R	R	B	E	O	T
H	A	L	A	A	H	B	L	A	R	O	L	O	A	L	L	U	M	B	H	O	J
E	L	R	L	N	D	A	D	C	O	C	K	J	C	A	C	A	N	A	O	A	K
A	L	I	W	P	O	S	T	S	E	M	H	L	Q	A	A	A	I	D	H	O	T
A	D	O	A	L	I	I	A	I	O	N	A	J	N	B	A	L	A	R	A	D	D
M	B	O	H	N	E	T	L	L	O	L	A	P	O	J	L	M	L	S	E	M	C
A	B	A	H	A	J	E	R	A	L	A	F	I	Z	A	K	U	B	I	O	N	K
K	P	E	A	P	L	K	A	A	N	N	I	T	K	J	H	I	A	L	O	L	O
N	D	E	A	O	I	A	A	E	R	S	D	Y	O	P	A	Z	A	A	E	R	A
A	T	U	B	L	L	I	F	H	N	A	H	N	A	K	M	Z	R	A	N	N	O
L	A	M	A	N	A	L	I	U	T	A	K	A	L	A	L	I	M	S	R	S	E
G	A	M	A	G	E	K	O	C	A	M	P	I	N	H	E	U	N	I	T	Y	I
R	L	M	A	D	A	N	K	H	I	T	A	B	D	K	S	T	F	G	S	A	J
A	S	L	A	M	I	C	A	L	E	N	D	A	L	M	U	D	I	L	A	Q	A
D	I	S	T	A	L	M	U	S	A	W	W	I	R	E	R	O	A	D	C	O	M

KEYWORDS

AL BASIT

AL KHAAFIDH

AR RAAFI

AL MUIZZ

AL MUDIL

WORD SEARCH

99 NAMES OF ALLAH

Use pencil to trace

A	L	L	A	T	I	F	A	T	H	A	U	I	O	P	L	I	K	J	M	G	T
B	L	N	D	B	R	I	G	R	G	J	I	K	N	I	A	S	S	A	M	I	P
D	S	O	K	O	T	O	L	A	G	O	S	I	A	R	T	S	E	M	C	O	N
U	F	O	E	M	E	A	T	U	L	P	P	O	L	S	S	I	O	N	K	A	A
L	L	T	M	A	C	L	I	N	E	I	D	E	A	T	U	L	O	L	M	K	J
R	I	L	O	R	I	R	K	W	A	S	S	A	L	A	M	A	E	H	A	O	P
A	S	S	A	B	T	A	L	B	A	S	I	R	B	E	C	A	A	N	O	A	K
S	C	O	N	N	E	H	T	I	O	N	G	H	I	A	J	R	R	S	E	O	T
H	A	C	C	I	D	E	C	O	M	O	L	O	A	L	L	U	M	A	H	O	J
E	P	O	U	N	D	E	D	C	O	C	O	J	C	A	C	A	N	N	O	A	K
E	A	I	R	P	O	M	T	S	E	M	C	A	M	A	J	E	R	S	E	O	T
D	D	O	L	L	I	S	S	I	O	N	K	J	N	B	A	L	A	H	A	D	D
M	B	O	N	N	E	T	U	L	O	L	O	P	O	J	L	R	T	S	E	M	C
A	B	A	L	H	A	K	A	M	E	R	A	K	C	A	K	S	S	I	O	N	K
K	P	E	O	P	L	K	C	A	N	N	O	T	K	J	H	T	U	L	O	L	O
N	D	E	M	O	I	A	J	E	R	S	E	Y	O	P	A	E	S	A	E	R	A
A	T	U	O	L	L	I	T	H	N	A	Y	N	A	L	A	D	L	A	N	N	O
L	A	M	A	N	A	H	I	H	M	A	N	A	L	Q	D	D	U	S	R	S	E
G	A	M	A	G	E	K	O	C	A	M	P	I	N	H	E	U	N	I	T	Y	I
R	L	M	A	D	A	N	K	H	I	T	A	B	D	K	S	T	F	G	S	A	J
A	S	L	A	M	I	C	A	L	E	N	D	A	R	M	U	B	A	R	A	Q	A
D	I	S	T	A	N	T	A	J	E	G	U	N	L	E	R	O	A	D	C	O	M

KEYWORDS

AS SAMI

AL BASIR

AL HAKAM

AL ADL

AL LATIF

WORD SEARCH

99 NAMES OF ALLAH

Use pencil to trace

A	L	L	A	T	I	F	A	T	H	A	U	I	O	P	L	I	K	J	M	G	T
B	L	N	D	B	R	I	G	R	G	J	I	K	N	I	A	S	S	A	M	I	P
D	S	O	K	O	T	O	L	A	G	O	S	I	A	R	T	S	E	M	C	O	N
U	F	O	E	M	E	A	T	U	L	P	P	O	L	S	S	I	O	N	K	A	A
L	L	T	M	A	C	L	I	N	E	I	D	E	A	T	U	L	O	L	M	K	J
R	I	L	O	R	I	R	K	W	A	S	S	A	L	A	M	A	E	H	A	O	P
A	S	S	A	B	T	A	L	H	A	L	I	M	B	E	C	A	A	N	O	A	K
S	C	O	N	N	E	H	T	I	O	N	G	H	I	A	J	R	R	S	E	O	T
H	A	C	C	I	D	E	C	O	M	O	L	O	A	L	L	U	M	A	H	O	J
E	P	O	U	N	D	E	D	C	O	C	O	J	C	A	C	A	N	N	O	A	K
E	A	I	R	P	O	M	T	S	E	M	C	A	M	A	J	E	R	S	E	O	T
D	L	O	L	L	I	S	S	I	O	N	K	J	N	B	A	L	A	H	A	D	D
M	G	O	N	N	E	T	U	L	O	L	O	P	O	J	L	R	T	S	E	M	C
A	H	A	L	H	A	K	A	M	E	R	A	L	Z	E	E	M	U	I	O	N	K
K	A	E	O	P	L	K	C	A	N	N	O	T	K	J	H	T	U	L	O	L	O
N	F	E	M	O	I	A	J	E	R	S	E	Y	O	P	A	E	S	A	E	R	A
A	U	U	O	L	L	I	T	H	N	A	Y	N	A	L	A	D	L	A	N	N	O
L	R	M	A	N	A	H	I	H	M	A	N	A	L	Q	D	D	U	S	R	S	E
G	A	M	A	G	E	K	O	C	A	M	P	I	N	H	E	U	N	I	T	Y	I
R	L	M	A	D	A	N	K	H	I	T	A	L	K	H	A	B	I	R	S	A	J
A	S	L	A	M	I	C	A	L	E	N	D	A	R	M	U	B	A	R	A	Q	A
D	I	S	T	A	N	T	A	S	H	S	H	A	K	U	R	O	A	D	C	O	M

KEYWORDS

AL KHABIR

AL HALIM

AL ZEEMU

AL GHAFUR

ASH SHAKUR

WORD SEARCH

99 NAMES OF ALLAH

Use pencil to trace

A	L	L	A	T	I	F	A	T	H	A	U	I	O	P	L	I	K	J	M	G	T
B	L	N	D	B	R	I	G	R	G	J	I	K	N	I	A	S	S	A	M	I	P
D	S	O	K	O	T	O	L	A	G	O	S	I	A	L	K	A	B	I	R	O	N
U	F	A	L	M	U	Q	I	T	L	P	P	O	L	S	S	I	O	N	K	A	A
L	L	T	M	A	C	L	I	N	E	I	D	E	A	T	U	L	O	L	M	K	J
R	I	L	O	R	I	R	K	W	A	S	S	A	L	A	M	A	E	H	A	O	P
A	S	S	A	B	T	A	L	H	A	L	A	L	I	E	C	A	A	N	O	A	K
S	C	O	N	N	E	H	T	I	O	N	G	H	I	A	J	R	R	S	E	O	T
H	A	C	C	I	D	E	C	O	M	O	L	O	A	L	L	U	M	A	H	O	J
E	P	O	U	N	D	E	D	C	O	C	O	J	C	A	C	A	N	N	O	A	K
E	A	I	R	P	O	M	T	S	E	M	C	A	M	A	J	E	R	S	E	O	T
D	L	O	L	L	I	S	S	I	O	N	K	J	N	B	A	L	A	H	A	D	D
M	G	O	N	N	E	T	U	L	O	L	O	P	O	J	L	R	T	S	E	M	C
A	H	A	L	H	A	K	A	L	H	A	F	I	D	H	E	M	U	I	O	N	K
K	A	E	O	P	L	K	C	A	N	N	O	T	K	J	H	T	U	L	O	L	O
N	F	E	M	O	I	A	J	E	R	S	E	Y	O	P	A	E	S	A	E	R	A
A	U	U	O	L	L	I	T	H	N	A	Y	N	A	L	A	D	L	A	N	N	O
L	R	M	A	N	A	H	I	H	M	A	N	A	L	H	A	S	I	B	R	S	E
G	A	M	A	G	E	K	O	C	A	M	P	I	N	H	E	U	N	I	T	Y	I
R	L	M	A	D	A	N	K	H	I	T	A	L	K	H	A	B	I	R	S	A	J
A	S	L	A	M	I	C	A	L	E	N	D	A	R	M	U	B	A	R	A	Q	A
D	I	S	T	A	N	T	A	S	H	S	H	A	K	U	R	O	A	D	C	O	M

KEYWORDS

AL ALI

AL KABIR

AL HAFIDH

AL MUQIT

AL HASIB

WORD SEARCH

99 NAMES OF ALLAH

Use pencil to trace

A	L	L	A	T	I	F	A	T	H	A	U	I	O	P	L	I	K	J	M	G	T
B	L	N	D	B	R	I	G	R	G	J	I	K	N	I	A	S	S	A	M	I	P
D	S	O	K	O	T	O	L	A	G	O	S	I	A	L	K	A	B	I	R	O	N
U	F	A	L	M	U	Q	I	T	L	P	P	O	L	A	L	R	A	Q	I	B	A
L	L	T	M	A	C	L	I	N	E	I	D	E	A	T	U	L	O	L	M	K	J
R	I	L	O	R	I	R	K	W	A	S	S	A	L	A	M	A	E	H	A	O	P
A	S	S	A	B	T	A	L	H	A	L	A	L	I	E	C	A	A	N	O	A	K
S	C	O	N	N	E	H	T	I	O	N	G	H	I	A	J	R	R	S	E	O	T
H	A	C	A	L	M	U	J	I	B	O	L	O	A	L	L	U	M	A	H	O	J
E	P	O	U	N	D	E	D	C	O	C	O	J	C	A	C	A	N	N	O	A	K
E	A	I	R	P	O	M	T	S	E	M	C	A	M	A	J	E	R	S	E	O	T
D	L	O	L	L	I	S	S	I	O	N	K	J	N	B	A	L	A	H	A	D	D
M	G	O	N	N	E	T	U	L	O	L	O	P	O	J	L	R	T	S	E	M	C
A	H	A	L	H	A	K	A	L	H	A	F	I	D	H	E	M	U	I	O	N	K
K	A	E	O	P	L	K	C	A	N	N	O	T	K	J	H	T	U	L	O	L	O
N	F	E	M	O	I	A	J	E	R	S	E	Y	O	P	A	E	S	A	E	R	A
A	U	U	A	L	K	A	R	I	M	A	Y	N	A	L	L	D	L	A	N	N	O
L	R	M	A	N	A	H	I	H	M	A	N	A	L	H	W	S	I	B	R	A	E
G	A	M	A	G	E	K	O	C	A	M	P	I	N	H	A	U	N	I	T	L	I
R	L	M	A	D	A	N	K	H	I	T	A	L	K	H	S	B	I	R	S	W	J
A	S	L	A	M	I	C	A	L	E	N	D	A	R	M	I	B	A	R	A	Q	A
D	I	S	T	A	L	J	A	L	I	L	H	A	K	U	R	O	A	D	C	O	M

KEYWORDS

AL JALIL

AL KARIM

AR RAQIB

AL MUJIB

AL WASI

WORD SEARCH

99 NAMES OF ALLAH

Use pencil to trace

A	L	L	A	T	I	F	A	T	H	A	U	I	O	P	L	I	K	J	M	G	T
B	L	N	D	B	R	I	G	R	G	J	I	K	N	I	A	S	S	A	M	I	P
D	S	O	K	O	T	O	L	A	G	O	S	I	A	L	K	A	B	I	R	O	N
U	F	A	L	M	U	Q	I	T	L	P	P	O	L	A	L	R	A	Q	I	B	A
L	L	T	M	A	S	H	S	H	A	H	E	E	D	T	U	L	O	L	M	K	J
R	I	L	O	R	I	R	K	W	A	S	S	A	L	A	M	A	E	H	A	O	P
A	S	S	A	B	T	A	L	H	A	L	A	L	I	E	C	A	A	N	O	A	K
S	C	O	N	N	E	H	T	I	O	N	G	H	I	A	J	R	R	S	E	O	T
H	A	C	A	L	M	U	J	I	B	O	L	O	A	L	L	U	M	A	H	O	J
E	P	O	U	A	L	M	A	J	I	D	O	J	C	A	C	A	N	N	O	A	K
E	A	I	R	P	O	M	T	S	E	M	C	A	M	A	J	E	R	S	E	O	T
D	L	O	L	L	I	S	S	I	O	N	K	J	N	L	A	L	A	H	A	D	D
M	B	O	N	N	E	T	U	L	O	L	O	P	O	W	L	R	T	S	E	M	C
A	A	A	L	H	A	K	A	L	H	A	F	I	D	A	E	M	U	I	O	N	K
K	I	E	O	P	L	K	C	A	N	N	O	T	K	D	H	T	U	L	O	L	O
N	T	E	M	O	I	A	J	E	R	S	E	Y	O	U	A	E	S	A	E	R	A
A	H	U	A	L	K	A	R	I	M	A	Y	N	A	D	L	D	L	A	N	N	O
L	R	M	A	L	H	A	K	I	M	A	N	A	L	H	W	S	I	B	R	A	E
G	A	M	A	G	E	K	O	C	A	M	P	I	N	H	A	U	N	I	T	L	I
R	L	M	A	D	A	N	K	H	I	T	A	L	K	H	S	B	I	R	S	W	J
A	S	L	A	M	I	C	A	L	E	N	D	A	R	M	I	B	A	R	A	Q	A
D	I	S	T	A	L	J	A	L	I	L	H	A	K	U	R	O	A	D	C	O	M

KEYWORDS

AL HAKIM

AL WADUD

AL MAJID

AL BAITH

ASH SHAHEED

WORD SEARCH

99 NAMES OF ALLAH

Use pencil to trace

A	L	L	A	T	I	F	A	T	H	A	U	I	O	P	L	I	K	J	M	G	T
B	L	N	D	B	R	I	G	R	G	J	I	K	N	I	A	S	S	A	M	I	P
D	S	O	K	O	T	O	L	A	L	W	A	K	I	L	K	A	B	I	R	O	N
U	F	A	L	M	U	Q	I	L	L	P	P	O	L	A	L	R	A	Q	I	B	A
L	L	T	M	A	S	H	S	H	A	H	E	E	D	T	U	L	O	L	M	K	J
R	I	L	O	R	I	R	K	A	A	S	S	A	L	A	M	A	E	H	A	O	P
A	S	S	A	B	T	A	L	Q	A	L	A	L	I	E	C	A	A	N	O	A	K
S	C	O	N	N	E	H	T	Q	O	N	G	H	I	A	J	R	R	S	E	O	T
H	A	C	A	L	M	U	J	I	B	O	L	O	A	L	L	U	M	A	H	O	J
E	P	O	U	A	L	M	A	J	I	D	O	J	C	A	C	A	N	N	O	A	K
E	A	I	R	P	O	M	T	S	E	M	C	A	M	A	J	E	R	S	E	O	T
D	L	O	L	L	I	S	S	I	O	N	K	J	N	L	A	L	A	H	A	D	D
M	B	O	N	N	E	T	U	L	O	L	O	P	O	W	L	R	T	S	E	M	C
A	A	A	L	H	A	M	A	T	E	E	N	I	D	A	E	M	U	I	O	N	K
K	I	E	O	P	L	K	C	A	N	N	O	T	K	D	H	T	U	L	O	L	O
N	T	E	M	O	W	A	J	E	R	S	E	Y	O	U	A	E	S	A	E	R	A
A	H	U	A	L	A	A	R	I	M	A	Y	N	A	D	L	D	L	A	N	N	O
L	R	M	A	L	L	A	K	I	M	A	N	A	L	H	W	S	I	B	R	A	E
G	A	M	A	G	I	K	O	C	A	M	P	I	N	H	A	U	N	I	T	L	I
R	L	M	A	D	A	N	K	H	I	T	A	L	Q	A	W	I	Y	Y	S	W	J
A	S	L	A	M	I	C	A	L	E	N	D	A	R	M	I	B	A	R	A	Q	A
D	I	S	T	A	L	J	A	L	I	L	H	A	K	U	R	O	A	D	C	O	M

KEYWORDS

AL HAQQ

AL WAKIL

AL QAWIYY

A MATEEN

AL WALI

WORD SEARCH

99 NAMES OF ALLAH

Use pencil to trace

A	L	L	A	T	I	F	A	T	H	A	U	I	O	P	L	I	K	J	M	G	T
B	L	N	D	B	R	I	G	R	G	J	I	K	N	I	A	S	S	A	M	I	P
D	S	O	K	O	T	O	L	A	L	W	A	K	I	L	K	A	B	I	R	O	N
U	F	A	L	M	U	Q	A	L	M	U	H	Y	I	A	L	R	A	Q	I	B	A
L	L	T	M	A	S	H	S	H	A	H	E	E	D	T	U	L	O	L	M	K	J
R	I	L	O	R	I	R	K	A	A	S	S	A	L	A	M	A	E	H	A	O	P
A	S	S	A	B	T	A	L	Q	A	L	A	L	I	E	C	A	A	N	O	A	K
S	C	O	N	N	E	H	T	Q	O	N	G	H	I	A	J	R	R	S	E	O	T
A	L	H	A	M	I	D	U	I	B	O	L	O	A	L	L	U	M	A	H	O	J
E	P	O	U	A	L	M	A	J	I	D	O	J	C	A	C	A	N	N	O	A	K
E	A	I	R	P	O	M	T	S	E	M	C	A	M	A	J	E	R	S	E	O	T
D	L	O	L	L	I	S	S	I	A	L	M	U	I	D	A	L	A	H	A	D	D
M	B	O	N	N	E	T	U	L	O	L	O	P	O	W	L	R	T	S	E	M	C
A	A	A	L	H	A	M	A	T	E	E	N	I	D	A	E	M	U	I	O	N	K
K	I	E	O	P	L	K	C	A	N	N	O	T	K	D	H	T	U	L	O	L	O
N	T	E	M	O	W	A	J	E	R	S	E	Y	O	U	A	E	S	A	E	R	A
A	H	U	A	L	A	A	R	I	M	A	Y	N	A	A	L	M	U	B	D	I	O
L	R	M	A	L	L	K	I	M	A	N	A	L	H	W	S	I	B	R	A	E	E
G	A	M	A	G	I	K	O	C	A	M	P	I	N	H	A	U	N	I	T	L	I
R	L	M	A	D	A	N	K	H	I	T	A	L	Q	A	W	I	Y	Y	S	W	J
A	S	L	A	M	I	C	A	L	E	N	D	A	R	M	I	B	A	R	A	Q	A
D	I	S	T	A	L	M	U	H	S	I	H	A	K	U	R	O	A	D	C	O	M

KEYWORDS

AL HAMIDU

AL MUHSI

AL MUBDI

AL MUID

AL MUHYI

WORD SEARCH

99 NAMES OF ALLAH

Use pencil to trace

A	L	L	A	T	I	F	A	T	H	A	U	I	O	P	L	I	K	J	M	G	T
B	L	N	D	B	R	I	G	R	G	J	I	K	N	I	A	S	S	A	M	I	P
D	S	O	K	O	T	O	L	A	L	W	A	K	I	L	K	A	B	I	R	O	N
U	F	A	L	Q	A	Y	Y	U	M	U	H	Y	I	A	L	R	A	Q	I	B	A
L	L	T	M	A	S	H	S	H	A	H	E	E	D	T	U	L	O	L	M	K	J
R	I	L	O	R	I	R	K	A	A	S	S	A	L	A	M	A	E	H	A	O	P
A	S	S	A	B	T	A	L	Q	A	L	A	L	I	E	C	A	A	N	O	A	K
S	C	O	N	N	E	H	T	Q	O	N	G	H	I	A	L	M	U	M	I	T	T
A	L	H	A	M	I	D	U	I	B	O	L	O	A	L	L	U	M	A	H	O	J
E	P	O	U	A	L	H	A	Y	Y	D	O	J	C	M	C	A	N	N	O	A	K
E	A	I	R	P	O	M	T	S	E	M	C	A	M	A	J	E	R	S	E	O	T
D	L	O	L	L	I	S	S	I	A	L	M	U	I	A	A	L	A	H	A	D	D
M	B	O	N	N	E	T	U	L	O	L	O	P	O	J	L	R	T	S	E	M	C
A	A	A	L	H	A	M	A	T	E	E	N	I	D	I	E	M	U	I	O	N	K
K	I	E	O	P	L	K	C	A	N	N	O	T	K	D	H	T	U	L	O	L	O
N	T	E	M	O	W	A	L	W	A	A	J	I	D	U	A	E	S	A	E	R	A
A	H	U	A	L	A	A	R	I	L	A	Y	N	A	A	L	M	U	B	D	I	O
L	R	M	A	L	L	A	K	I	M	A	N	A	L	H	W	S	I	B	R	A	E
G	A	M	A	G	I	K	O	C	A	M	P	I	N	H	A	U	N	I	T	L	I
R	L	M	A	D	A	N	K	H	J	T	A	L	Q	A	W	I	Y	Y	S	W	J
A	S	L	A	M	I	C	A	L	E	N	D	A	R	M	I	B	A	R	A	Q	A
D	I	S	T	A	L	M	U	H	S	I	H	A	K	U	R	O	A	D	C	O	M

KEYWORDS

AL MUMIT

AL HAYY

AL QAYYUM

AL WAAJID

AL MAAJID

WORD SEARCH

99 NAMES OF ALLAH

Use pencil to trace

A	L	L	A	L	Q	A	A	D	I	R	U	I	O	P	L	I	K	J	M	G	T
B	L	N	D	B	R	I	G	R	G	J	I	K	N	I	A	S	S	A	M	I	P
D	S	O	K	O	T	O	L	A	L	W	A	K	I	L	K	A	B	I	R	O	N
U	F	A	L	Q	A	Y	Y	U	M	U	H	Y	I	A	L	R	A	Q	I	B	A
L	L	T	M	A	S	H	S	H	A	H	E	E	D	T	U	L	O	L	M	K	J
R	I	L	O	R	I	R	K	A	A	S	S	A	L	A	M	A	E	H	A	O	P
A	S	S	A	B	T	A	L	Q	A	L	A	L	A	H	A	D	A	N	O	A	K
S	C	O	N	N	E	H	T	Q	O	N	G	H	I	A	L	M	U	M	I	T	T
A	L	H	A	M	I	D	U	I	B	O	L	O	A	L	L	U	M	A	H	O	J
E	P	O	U	A	L	H	A	Y	Y	D	O	J	C	M	C	A	N	N	O	A	K
E	A	S	S	A	M	A	D	S	E	M	C	A	M	A	J	E	R	S	E	O	T
D	L	O	L	L	I	S	S	I	A	L	M	U	I	A	A	L	A	H	A	D	D
M	B	O	N	N	E	T	U	L	O	L	O	P	O	J	L	R	T	S	E	M	C
A	A	A	L	H	A	M	A	T	E	E	N	I	D	I	E	M	U	I	O	N	K
K	I	E	O	P	L	K	C	A	L	M	Q	T	A	D	I	R	U	L	O	L	O
N	T	E	M	O	W	A	L	W	A	A	J	I	D	U	A	E	S	A	E	R	A
A	H	U	A	L	A	A	R	I	L	A	Y	N	A	A	L	M	U	B	D	I	O
L	R	M	A	L	L	A	K	I	M	A	N	A	L	H	W	S	I	B	R	A	E
G	A	M	A	G	I	K	O	C	A	L	W	A	A	H	I	D	N	I	T	L	I
R	L	M	A	D	A	N	K	H	J	T	A	L	Q	A	W	I	Y	Y	S	W	J
A	S	L	A	M	I	C	A	L	E	N	D	A	R	M	I	B	A	R	A	Q	A
D	I	S	T	A	L	M	U	H	S	I	H	A	K	U	R	O	A	D	C	O	M

KEYWORDS

AL WAAHID

AL AHAD

AS SAMAD

AL QAADIR

AL MUQTADIR

WORD SEARCH

99 NAMES OF ALLAH

Use pencil to trace

A	L	L	A	L	Q	A	A	D	I	R	U	I	O	P	L	I	K	J	M	G	T
B	L	N	D	B	R	I	G	R	G	J	I	K	N	I	A	S	S	A	M	I	P
D	S	O	K	O	T	O	L	A	L	W	A	K	I	L	K	A	B	I	R	O	N
U	F	A	L	Q	A	Y	Y	U	M	U	H	Y	I	A	L	R	A	Q	I	B	A
L	L	T	M	A	S	H	S	H	A	H	E	E	D	T	U	L	O	L	M	K	J
R	I	L	O	R	I	R	K	A	A	S	S	A	L	A	M	A	E	H	A	O	P
A	S	S	A	B	T	A	L	Q	A	L	A	L	A	H	A	D	A	N	O	A	K
S	C	O	N	N	E	H	T	Q	O	N	G	H	I	A	L	M	U	M	I	T	T
A	L	H	A	M	I	D	U	I	B	O	L	O	A	L	L	U	M	A	H	O	J
E	P	O	U	A	L	M	U	Q	A	D	D	I	M	M	C	A	N	N	O	A	K
E	A	S	S	A	M	A	D	S	E	M	C	A	M	A	J	E	R	S	E	O	T
D	L	O	L	L	I	S	S	I	A	L	M	U	A	K	H	K	H	I	R	D	D
M	B	O	N	N	E	T	U	L	O	L	O	P	O	J	L	R	T	S	E	M	C
A	A	A	L	A	W	W	A	L	E	E	N	I	D	I	E	M	U	I	O	N	K
K	I	E	O	P	L	K	C	A	L	M	Q	T	A	D	I	R	U	L	O	L	O
N	T	E	M	O	W	A	L	A	A	K	H	I	R	U	A	E	S	A	E	R	A
A	H	U	A	L	A	A	R	I	L	A	Z	D	H	A	H	I	R	B	D	I	O
L	R	M	A	L	L	A	K	I	M	A	N	A	L	H	W	S	I	B	R	A	E
G	A	M	A	G	I	K	O	C	A	L	W	A	A	H	I	D	N	I	T	L	I
R	L	M	A	D	A	N	K	H	J	T	A	L	Q	A	W	I	Y	Y	S	W	J
A	S	L	A	M	I	C	A	L	E	N	D	A	R	M	I	B	A	R	A	Q	A
D	I	S	T	A	L	M	U	H	S	I	H	A	K	U	R	O	A	D	C	O	M

KEYWORDS

AL MUQADDIM

AL MUAKHKHIR

AL AWWAL

AL AAKHIR

AZ DHAHIR

WORD SEARCH

99 NAMES OF ALLAH

Use pencil to trace

A	L	L	A	L	Q	A	A	D	I	R	U	I	O	P	L	I	K	J	M	G	T
B	L	N	D	B	R	I	G	R	G	J	I	K	N	I	A	S	S	A	M	I	P
D	S	O	K	O	T	O	L	A	L	W	A	K	I	L	K	A	B	I	R	A	N
U	F	A	L	Q	A	Y	Y	U	M	U	H	Y	I	A	L	R	A	Q	I	T	A
L	L	T	M	A	S	H	S	H	A	H	E	E	D	T	U	L	O	L	M	T	J
R	I	L	O	R	I	R	K	A	A	S	S	A	L	A	M	A	E	H	A	A	P
A	S	S	A	B	T	A	L	Q	A	L	A	L	A	H	A	D	A	N	O	W	K
L	C	O	N	N	E	H	T	Q	O	N	G	H	I	A	L	M	U	M	I	W	T
W	L	H	A	M	I	D	U	I	B	O	L	O	A	L	L	U	M	A	H	A	J
A	P	O	U	A	L	M	A	Q	A	D	D	I	M	M	C	A	N	N	O	A	K
A	A	S	S	A	M	A	L	S	E	M	C	A	M	A	J	E	R	S	E	B	T
L	L	O	L	L	I	S	B	I	A	L	M	U	A	K	H	K	H	I	R	D	D
I	B	O	N	N	E	T	A	L	O	L	O	P	O	J	L	R	T	S	E	M	C
A	A	A	L	A	W	W	R	L	E	E	N	I	D	I	E	M	U	I	O	A	K
K	I	E	O	P	L	K	R	A	L	M	Q	T	A	D	I	R	U	L	O	L	O
N	T	E	M	O	W	A	L	A	A	K	H	I	R	U	A	E	S	A	E	B	A
A	H	U	A	L	A	A	R	I	L	A	Z	D	H	A	H	I	R	B	D	A	O
L	R	M	A	L	L	A	L	M	U	T	A	A	L	I	W	S	I	B	R	A	E
G	A	M	A	G	I	K	O	C	A	L	W	A	A	H	I	D	N	I	T	T	I
R	L	M	A	D	A	N	K	H	J	T	A	L	Q	A	W	I	Y	Y	S	I	J
A	S	L	A	M	I	C	A	L	E	N	D	A	R	M	I	B	A	R	A	N	A
D	I	S	T	A	L	M	U	H	S	I	H	A	K	U	R	O	A	D	C	O	M

KEYWORDS

AL BAATIN

AL WAALI

AL MUTAALI

AL BARR

AT TAWWAAB

WORD SEARCH

99 NAMES OF ALLAH

Use pencil to trace

A	L	L	A	L	Q	A	A	D	I	R	U	I	O	P	L	I	K	J	M	G	T
B	L	N	D	B	R	I	G	R	J	I	K	N	I	A	S	S	A	M	I	P	
D	S	O	K	O	T	O	L	A	L	W	A	K	I	L	K	A	B	I	R	A	N
U	F	A	L	Q	A	Y	Y	U	M	U	H	Y	I	A	L	R	A	Q	I	T	A
L	L	T	M	A	S	H	S	H	A	H	E	E	D	T	U	L	O	L	M	T	J
R	I	L	O	R	I	R	K	A	A	S	S	A	L	A	M	A	E	H	A	A	P
A	S	S	A	L	A	F	U	W	W	L	A	L	A	H	A	D	A	N	O	W	K
L	C	O	N	N	E	H	T	Q	O	N	G	H	I	A	L	M	U	M	I	W	T
W	L	H	A	M	I	D	U	I	B	O	L	O	A	L	L	U	M	A	H	A	J
A	P	O	U	A	L	M	A	Q	A	D	D	I	M	M	C	A	N	N	O	A	K
A	A	S	S	A	L	M	U	N	T	A	Q	I	M	A	J	R	R	S	E	B	T
L	L	O	L	L	I	S	B	I	A	L	M	U	A	K	H	R	H	I	R	D	D
I	B	O	N	N	E	T	A	L	O	L	O	P	O	J	L	A	T	S	E	M	C
A	A	A	L	A	W	W	R	L	E	E	N	I	D	I	E	U	U	I	O	A	K
K	I	E	O	P	L	K	R	A	L	M	Q	T	A	D	I	F	U	L	O	L	O
N	T	E	M	A	L	I	K	A	L	M	U	L	K	U	A	E	S	A	E	B	A
A	H	U	A	L	A	A	R	I	L	A	Z	D	H	A	H	I	R	B	D	A	O
L	R	M	A	L	L	A	L	M	U	T	A	A	L	I	W	S	I	B	R	A	E
G	A	M	A	G	I	K	O	C	A	L	W	A	A	H	I	D	N	I	T	T	I
R	L	M	A	D	A	N	K	H	J	T	A	L	Q	A	W	I	Y	Y	S	I	J
A	S	L	A	M	I	C	A	L	E	N	D	A	R	M	I	B	A	R	N	A	A
D	H	U	L	J	A	L	A	L	W	A	A	L	I	K	R	A	M	D	C	O	M

KEYWORDS

AL MUNTAQIM

AL AFUWW

AR RAUF

MALIK AL MULK

DHUL JALAL WA AL IKRAM

WORD SEARCH

99 NAMES OF ALLAH

Use pencil to trace

A	L	L	A	L	Q	A	A	D	I	R	U	I	O	P	L	I	K	J	M	G	T
B	L	N	D	B	R	I	G	R	G	J	I	K	N	I	A	S	S	A	M	I	P
D	S	O	K	O	T	O	L	A	L	W	A	K	I	L	K	A	B	I	R	A	N
U	F	A	L	Q	A	Y	Y	U	M	U	H	Y	I	A	L	R	A	Q	I	T	A
L	L	T	M	A	S	H	S	H	A	H	E	E	D	T	U	L	O	L	M	T	J
R	I	L	O	R	I	R	K	A	A	S	S	A	L	A	M	A	E	H	A	A	P
A	S	S	A	L	A	F	U	W	W	L	A	L	A	H	A	D	A	N	O	W	K
L	C	O	N	N	E	H	T	Q	O	N	G	H	I	A	L	M	U	M	I	W	T
W	L	H	A	M	I	D	U	I	B	O	L	O	A	L	J	A	A	M	I	A	J
A	P	O	U	A	L	M	A	Q	A	D	D	I	M	M	C	A	N	N	O	A	K
A	A	L	G	H	A	N	I	N	T	A	Q	I	M	A	J	R	R	S	E	B	T
L	L	O	L	L	I	S	B	I	A	L	M	U	A	K	H	R	H	I	R	D	D
I	B	O	N	N	E	T	A	L	O	L	O	P	O	J	L	A	T	S	E	M	C
A	A	A	L	A	W	W	R	L	E	E	N	I	D	I	E	U	U	I	O	A	K
K	I	E	O	P	L	K	R	A	L	M	Q	T	A	D	I	F	U	L	O	L	O
N	T	E	M	A	L	I	K	A	L	M	U	L	K	U	A	E	S	A	E	B	A
A	H	U	A	L	A	A	R	I	L	A	Z	D	H	A	H	A	L	M	A	N	I
L	R	M	A	L	L	A	L	M	U	G	H	A	N	I	W	S	I	B	R	A	E
G	A	M	A	G	I	K	O	C	A	L	W	A	A	H	I	D	N	I	T	T	I
R	L	M	A	D	A	N	K	H	J	T	A	L	Q	A	W	I	Y	Y	S	I	J
A	S	L	A	M	I	C	A	L	E	N	D	A	R	M	I	B	A	R	A	N	A
D	H	U	L	J	A	L	M	U	S	Q	I	T	I	K	R	A	M	D	C	O	M

KEYWORDS

AL MUSQIT

AL JAAMI

AL GHANI

AL MUGHNI

AL MANI

WORD SEARCH

99 NAMES OF ALLAH

Use pencil to trace

A	L	L	A	D	D	H	A	R	R	R	U	I	O	P	L	I	K	J	M	G	T
B	L	N	D	B	R	I	G	R	G	J	I	K	N	I	A	S	S	A	M	I	P
D	S	O	K	O	T	O	L	A	L	W	A	K	I	L	K	A	B	N	R	A	N
U	F	A	L	Q	A	Y	Y	U	M	U	H	Y	I	A	L	R	A	N	I	T	A
L	L	T	M	A	S	H	S	H	A	H	E	E	D	T	U	L	O	A	M	T	J
R	I	L	O	R	I	R	K	A	A	S	S	A	L	A	M	A	E	F	A	A	P
A	S	S	A	L	H	A	D	I	W	L	A	L	A	H	A	D	A	I	O	W	K
L	C	O	N	N	E	H	T	Q	O	N	G	H	I	A	L	M	U	M	I	W	T
W	L	H	A	M	I	D	U	I	B	O	L	O	A	L	J	A	A	M	I	A	J
A	P	O	U	A	L	M	A	Q	A	D	D	I	M	M	C	A	N	N	U	R	K
A	A	L	G	H	A	N	I	N	T	A	Q	I	M	A	J	R	R	S	E	B	T
L	L	O	L	L	I	S	B	I	A	L	M	U	A	K	H	R	H	I	R	D	D
I	B	O	N	N	E	T	A	L	O	L	O	P	O	J	L	A	T	S	E	M	C
A	A	A	L	A	W	W	R	L	E	E	N	I	D	I	E	U	U	I	O	A	K
K	I	E	O	P	L	K	R	A	L	M	Q	T	A	D	I	F	U	L	O	L	O
N	T	E	M	A	L	B	A	D	I	I	U	L	K	U	A	E	S	A	E	B	A
A	H	U	A	L	A	A	R	I	L	A	Z	D	H	A	H	A	L	M	A	N	I
L	R	M	A	L	L	A	L	M	U	G	H	A	N	I	W	S	I	B	R	A	E
G	A	M	A	G	I	K	O	C	A	L	W	A	A	H	I	D	N	I	T	T	I
R	L	M	A	D	A	N	K	H	J	T	A	L	Q	A	W	I	Y	Y	S	I	J
A	S	L	A	M	I	C	A	L	E	N	D	A	R	M	I	B	A	R	A	N	A
D	H	U	L	J	A	L	M	U	S	Q	I	T	I	K	R	A	M	D	C	O	M

KEYWORDS

AD DHARR

AN NAFI

AN NUR

AL HADI

AL BADII

WORD SEARCH

99 NAMES OF ALLAH

Use pencil to trace

A	L	L	A	D	D	H	A	R	R	R	U	I	O	P	L	I	K	J	M	G	T
B	L	N	D	B	R	I	G	R	G	J	I	K	N	I	A	S	S	A	M	I	P
D	S	O	K	O	T	O	L	A	L	W	A	S	S	A	B	O	O	R	R	A	N
U	F	A	L	Q	A	Y	Y	U	M	U	H	Y	I	A	L	R	A	N	I	T	A
L	L	T	M	A	S	H	S	H	A	H	E	E	D	T	U	L	O	A	M	T	J
R	I	A	R	R	A	S	H	I	D	S	S	A	L	A	M	A	E	F	A	A	P
A	S	S	A	L	H	A	D	I	W	L	A	L	A	H	A	D	A	I	O	W	K
L	C	O	N	N	E	H	T	Q	O	N	G	H	I	A	L	M	U	M	I	W	T
W	L	H	A	M	I	D	U	I	B	O	L	O	A	L	J	A	A	M	I	A	J
A	P	O	U	A	L	M	A	Q	A	D	D	I	M	M	C	A	N	N	U	R	K
A	A	L	G	H	A	N	I	N	T	A	Q	I	M	A	J	R	R	S	E	B	T
L	L	O	L	L	I	S	B	I	A	L	B	A	A	Q	I	R	H	I	R	D	D
I	B	O	N	N	E	T	A	L	O	L	O	P	O	J	L	A	T	S	E	M	C
A	A	A	L	A	W	W	R	L	E	E	N	I	D	I	E	U	U	I	O	A	K
K	I	E	O	P	L	K	R	A	L	M	Q	T	A	D	I	F	U	L	O	L	O
N	T	E	M	A	L	W	A	A	R	I	T	H	K	U	A	E	S	A	E	B	A
A	H	U	A	L	A	A	R	I	L	A	Z	D	H	A	H	A	L	M	A	N	I
L	R	M	A	L	L	A	L	M	U	G	H	A	N	I	W	S	I	B	R	A	E
G	A	M	A	G	I	K	O	C	A	L	W	A	A	H	I	D	N	I	T	T	I
R	L	M	A	D	A	N	K	H	J	T	A	L	Q	A	W	I	Y	Y	S	I	J
A	S	L	A	M	I	C	A	L	E	N	D	A	R	M	I	B	A	R	A	N	A
D	H	U	L	J	A	L	M	U	S	Q	I	T	I	K	R	A	M	D	C	O	M

KEYWORDS

AL BAAQI

AL WAARITH

AR RASHID

AS SABOOR

GENERAL QUIZ

1- What is Haram?

....

2- What is Sunnah ?

....

3- What is Hadith ?

....

4- what is Jihad?

....

....

5- What is the name of prophet Muhammad (SAW) first wife?

....

WORD SEARCH

25 PROPHETS MENTIONED IN THE QURAN

Use pencil to trace

A	L	L	A	D	D	H	A	R	R	R	U	I	O	P	L	I	K	J	M	G	T
B	L	N	D	B	R	I	G	R	G	J	I	K	N	I	A	S	S	A	M	I	P
D	S	O	K	O	T	O	L	A	L	W	A	S	S	A	B	O	O	R	R	A	N
U	F	A	L	Q	A	Y	Y	U	M	U	H	Y	I	A	L	R	A	N	I	T	A
L	L	T	M	A	S	H	S	H	A	H	E	E	D	T	U	L	O	A	M	T	J
R	I	A	R	R	A	S	H	I	D	S	S	A	L	I	H	A	E	F	A	A	P
A	S	S	A	L	H	A	D	I	W	L	A	L	A	H	A	D	A	I	O	W	K
L	C	O	N	N	E	H	T	Q	O	N	G	H	I	A	L	M	U	M	I	W	T
W	L	H	A	D	A	M	U	I	B	O	L	O	A	L	J	A	A	M	I	A	J
A	P	O	U	A	L	M	A	Q	A	D	D	I	M	M	C	A	N	N	U	R	K
A	A	L	G	H	A	N	I	N	T	A	Q	I	M	A	J	R	R	S	E	B	T
L	L	O	L	L	I	S	B	I	A	L	U	T	A	Q	I	R	H	I	R	D	D
I	B	O	N	N	E	T	A	L	O	L	O	P	O	J	L	A	T	S	E	M	C
A	A	A	L	A	W	W	R	L	E	E	N	I	D	I	E	N	U	H	O	A	K
K	I	E	O	P	L	K	R	A	L	M	Q	T	A	D	I	F	U	L	O	L	O
N	T	E	M	A	L	W	A	A	H	U	D	H	K	U	A	E	S	A	E	B	A
A	H	U	A	L	A	A	R	I	L	A	Z	D	H	A	H	A	L	M	A	N	I
L	R	M	A	L	L	A	L	M	U	G	H	A	N	I	W	S	I	B	R	A	E
G	A	M	A	G	I	K	O	C	A	L	W	A	A	H	I	D	N	I	T	T	I
R	L	M	A	D	A	N	K	H	J	T	A	L	Q	A	W	I	Y	Y	S	I	J
A	S	L	A	M	I	C	A	L	E	N	D	A	R	M	I	B	A	R	A	N	A
D	H	U	L	J	A	L	M	U	S	Q	I	T	I	K	R	A	M	D	C	O	M

KEYWORDS

ADAM

NUH

HUD

SALIH

LUT

WORD SEARCH

25 PROPHETS MENTIONED IN THE QURAN

Use pencil to trace

A	L	L	A	D	D	H	A	R	R	R	U	I	O	P	L	I	K	J	M	G	T
B	L	N	D	B	R	I	G	R	G	J	I	K	N	I	A	S	S	A	M	I	P
D	S	O	K	O	T	O	L	A	L	W	A	I	S	A	Q	O	O	R	R	A	N
U	F	A	L	Q	A	Y	Y	U	M	U	H	Y	I	A	L	R	A	N	I	T	A
L	L	T	M	A	S	H	S	H	A	H	E	E	D	T	U	L	O	A	M	T	J
R	Y	A	Q	U	B	S	H	I	D	S	S	A	L	I	H	A	E	F	A	A	P
A	S	S	A	L	H	A	D	I	W	L	A	L	A	H	A	D	A	I	O	W	K
L	C	O	N	N	E	H	T	Q	O	N	G	H	I	A	L	M	U	M	I	W	T
W	L	H	A	D	A	M	U	I	B	O	L	O	A	L	J	A	A	M	I	A	J
A	P	O	U	A	L	M	A	Q	A	D	D	I	M	M	C	A	N	N	U	R	K
A	A	L	G	H	A	N	I	N	T	A	Q	S	M	A	J	R	R	S	E	B	T
L	L	O	L	L	I	S	B	I	A	L	U	M	A	Q	I	R	H	I	R	D	D
I	B	O	N	N	E	T	A	L	O	L	O	A	O	J	L	A	T	S	E	M	C
A	A	A	L	A	W	W	R	L	E	E	N	I	D	I	E	N	U	H	O	A	K
K	I	B	R	A	H	I	M	A	L	M	Q	L	A	D	I	F	U	L	O	L	O
N	T	E	M	A	L	W	A	A	H	U	D	H	K	U	A	E	S	A	E	B	A
A	H	U	A	L	A	A	R	I	L	A	Z	D	H	A	H	A	L	M	A	N	I
L	R	M	A	L	L	A	L	M	U	G	H	A	N	I	W	S	I	B	R	A	E
G	A	M	A	G	I	K	O	C	A	L	W	A	A	H	I	D	N	I	T	T	I
R	L	M	A	D	A	N	K	H	J	T	A	L	Q	A	W	I	Y	Y	S	I	J
A	S	L	A	M	I	C	A	L	E	N	Y	U	S	U	F	B	A	R	A	N	A
D	H	U	L	J	A	L	M	U	S	Q	I	T	I	K	R	A	M	D	C	O	M

KEYWORDS

IBRAHIM

ISMAIL

ISHAQ

YAQUB

YUSUF

WORD SEARCH

25 PROPHETS MENTIONED IN THE QURAN

Use pencil to trace

A	L	L	A	D	D	H	A	R	R	R	U	I	O	P	L	I	S	J	M	G	T
B	L	N	D	B	R	I	G	R	G	J	I	K	N	I	A	S	H	A	M	I	P
D	S	O	K	O	T	O	L	A	L	W	A	I	S	A	Y	Y	U	B	R	A	N
U	F	A	L	Q	A	Y	Y	U	M	U	H	Y	I	A	L	R	A	N	I	T	A
L	L	T	M	A	S	H	S	H	A	H	E	E	D	T	U	L	I	A	M	T	J
R	Y	A	Q	U	B	S	H	I	D	S	S	A	L	I	H	A	B	F	A	A	P
A	S	M	A	L	H	A	D	I	W	L	A	L	A	H	A	D	A	I	O	W	K
L	C	U	N	N	E	H	T	Q	O	N	G	H	I	A	L	M	U	M	I	W	T
W	L	S	A	D	A	A	U	I	B	O	L	O	A	L	J	A	A	M	I	A	J
A	P	A	U	A	L	R	A	Q	A	D	D	I	M	M	C	A	N	N	U	R	K
A	A	L	G	H	A	U	I	N	T	A	Q	S	M	A	J	R	R	S	E	B	T
L	L	O	L	L	I	N	B	I	A	L	U	M	A	Q	I	R	H	I	R	D	D
I	B	O	N	N	E	T	A	L	O	L	O	A	O	J	L	A	T	S	E	M	C
A	A	A	L	A	W	W	R	L	E	E	N	I	D	I	E	N	U	H	O	A	K
K	I	B	R	A	H	I	M	A	L	M	Q	L	A	D	I	F	U	L	O	L	O
N	T	E	M	A	L	W	A	A	H	U	D	H	K	U	A	E	S	A	E	B	A
A	H	U	A	L	A	A	R	I	L	A	Z	D	H	A	H	A	L	M	A	N	I
L	R	M	A	L	L	A	L	M	U	G	H	A	N	I	W	S	I	B	R	A	E
G	A	M	A	G	I	K	O	C	A	L	W	A	A	H	I	D	N	I	T	T	I
R	L	M	A	D	A	N	K	H	J	T	A	D	H	U	L	K	I	F	L	I	J
A	S	L	A	M	I	C	A	L	E	N	Y	U	S	U	F	B	A	R	A	N	A
D	H	U	L	J	A	L	M	U	S	Q	I	T	I	K	R	A	M	D	C	O	M

KEYWORDS

SHUAIB

AYYUB

DHULKIFL

MUSA

HARUN

WORD SEARCH

25 PROPHETS MENTIONED IN THE QURAN

Use pencil to trace

A	L	L	A	D	D	H	A	R	R	R	U	I	O	P	L	I	S	J	M	G	T
B	L	N	D	B	R	I	G	R	G	J	I	K	N	I	A	S	H	A	M	I	P
D	Y	U	N	U	S	O	L	A	L	W	A	I	S	A	Y	Y	U	B	R	A	N
U	F	A	L	Q	A	Y	Y	U	M	U	H	Y	I	A	L	R	A	N	I	T	A
L	L	T	M	A	S	H	S	H	A	H	E	E	D	T	U	L	I	A	M	T	J
R	Y	A	Q	U	B	S	H	I	D	S	S	A	L	I	H	A	B	F	A	A	P
A	S	M	A	L	H	A	D	I	W	L	I	L	I	A	S	D	A	I	O	W	K
L	C	U	N	N	E	H	T	Q	O	N	G	H	I	A	L	M	U	M	I	W	T
W	L	S	U	L	A	Y	M	A	N	O	L	O	A	L	J	A	A	M	I	A	J
A	P	A	U	A	L	R	A	Q	A	D	D	I	M	M	C	A	N	N	U	R	K
A	A	L	G	H	A	U	I	N	T	A	Q	S	M	A	J	R	R	S	E	B	T
L	L	O	L	L	I	N	B	I	A	L	U	M	A	Q	I	R	H	I	R	D	D
I	B	O	N	N	E	T	A	L	O	L	O	A	O	J	L	A	T	S	E	M	C
A	A	A	L	A	W	W	R	L	E	E	N	I	D	I	E	N	U	H	O	A	K
K	I	B	R	A	H	I	M	A	L	M	Q	L	A	D	I	F	U	L	O	L	O
N	T	E	M	A	L	W	A	A	H	U	D	H	K	U	A	E	S	A	E	B	A
A	H	D	A	L	A	A	R	I	L	A	Z	A	L	Y	A	S	A	M	A	N	I
L	R	A	A	L	L	A	L	M	U	G	H	A	N	I	W	S	I	B	R	A	E
G	A	W	A	G	I	K	O	C	A	L	W	A	A	H	I	D	N	I	T	T	I
R	L	U	A	D	A	N	K	H	J	T	A	D	H	U	L	K	I	F	L	I	J
A	S	D	A	M	I	C	A	L	E	N	Y	U	S	U	F	B	A	R	A	N	A
D	H	U	L	J	A	L	M	U	S	Q	I	T	I	K	R	A	M	D	C	O	M

KEYWORDS

DAWUD

SULAYMAN

ILIAS

ALYASA

YUNUS

WORD SEARCH

25 PROPHETS MENTIONED IN THE QURAN

Use pencil to trace

A	L	L	A	D	D	H	A	R	R	R	U	I	O	P	L	I	S	J	M	G	T
B	L	N	D	B	R	I	G	R	G	J	I	K	N	I	A	S	H	A	M	I	P
D	Y	U	N	U	S	O	L	A	L	W	A	I	S	A	Y	Y	U	B	R	A	N
U	F	A	L	Q	A	Y	Y	U	M	U	H	Y	I	A	L	R	A	N	I	T	A
L	L	T	M	U	H	A	M	M	A	D	E	E	D	T	U	L	I	A	M	T	J
R	Y	A	Q	U	B	S	H	I	D	S	S	A	L	I	H	A	B	F	A	A	P
A	S	M	A	L	H	A	D	I	W	L	I	L	I	A	S	D	A	I	O	W	K
L	C	U	N	N	E	H	T	Q	O	N	G	H	I	A	L	M	U	Y	I	W	T
W	L	S	U	L	A	Y	M	A	N	O	L	O	A	L	J	A	A	A	I	A	J
A	P	A	U	A	L	R	A	Q	A	D	D	I	M	M	C	A	N	H	U	R	K
A	A	L	G	H	A	U	I	N	T	A	Q	S	M	A	J	R	R	Y	E	B	T
L	L	O	L	L	I	N	B	I	A	L	U	M	A	Q	I	R	H	A	R	D	D
I	B	O	N	N	E	T	A	L	O	L	O	A	O	J	L	A	T	S	E	M	C
A	A	A	L	A	W	W	R	L	E	E	N	I	S	A	E	N	U	H	O	A	K
K	I	B	R	A	H	I	M	A	L	M	Q	L	A	D	I	F	U	L	O	L	O
N	T	E	M	A	L	W	A	A	H	U	D	H	K	U	A	E	S	A	E	B	A
A	H	D	A	L	A	A	R	I	L	A	Z	A	L	Y	A	S	A	M	A	N	I
L	Z	A	K	A	R	I	Y	A	U	G	H	A	N	I	W	S	I	B	R	A	E
G	A	W	A	G	I	K	O	C	A	L	W	A	A	H	I	D	N	I	T	T	I
R	L	U	A	D	A	N	K	H	J	T	A	D	H	U	L	K	I	F	L	I	J
A	S	D	A	M	I	C	A	L	E	N	Y	U	S	U	F	B	A	R	A	N	A
D	H	U	L	J	A	L	M	U	S	Q	I	T	I	K	R	A	M	D	C	O	M

KEYWORDS

ZAKARIYA

YAHYA

ISA

MUHAMMAD

WORD SEARCH

WIVES OF THE PROPHET MUHAMMAD (SAW)

Use pencil to trace

A	L	L	A	D	D	H	A	R	R	R	U	I	O	P	L	I	S	J	M	G	T
B	L	N	D	B	R	I	G	R	G	J	I	K	N	I	A	S	H	A	M	I	P
D	Y	U	N	U	S	O	L	A	L	W	A	I	S	A	Y	Y	U	B	R	A	N
K	H	A	D	I	J	A	H	U	M	U	H	Y	I	A	L	R	A	N	I	T	A
L	L	T	M	U	H	A	M	M	A	D	E	E	D	T	U	L	I	A	M	T	J
R	Y	A	Q	U	B	S	H	I	D	S	S	A	L	I	H	A	B	F	A	A	P
A	S	M	A	L	H	A	D	I	W	L	I	L	I	A	S	D	A	I	O	W	K
L	C	U	N	N	E	H	T	Q	O	N	G	S	A	W	A	D	A	Y	I	W	T
W	L	S	U	L	A	Y	M	A	N	O	L	O	A	L	J	A	A	A	I	A	J
A	P	A	U	A	L	R	A	Q	A	D	D	I	M	M	C	A	N	H	U	R	K
A	A	L	G	H	A	U	I	N	T	A	Q	S	M	A	J	R	R	Y	E	B	T
L	L	O	L	L	I	N	A	I	S	H	A	M	A	Q	I	R	H	A	R	D	D
I	Z	A	Y	N	A	B	A	L	O	L	O	A	O	J	L	A	T	S	E	M	C
A	A	A	L	A	W	W	R	L	E	E	N	I	S	A	E	N	U	H	O	A	K
K	I	B	R	A	H	I	M	A	L	M	Q	H	A	F	S	A	U	L	O	L	O
N	T	E	M	A	L	W	A	A	H	U	D	H	K	U	A	E	S	A	E	B	A
A	H	D	A	L	A	A	R	I	L	A	Z	A	L	Y	A	S	A	M	A	N	I
L	Z	A	K	A	R	I	Y	A	U	G	H	A	N	I	W	S	I	B	R	A	E
G	A	W	A	G	I	K	O	C	A	L	W	A	A	H	I	D	N	I	T	T	I
R	L	U	A	D	A	N	K	H	J	T	A	D	H	U	L	K	I	F	L	I	J
A	S	D	A	M	I	C	A	L	E	N	Y	U	S	U	F	B	A	R	A	N	A
D	H	U	L	J	A	L	M	U	S	Q	I	T	I	K	R	A	M	D	C	O	M

KEYWORDS

KHADIJAH

SAWADA

AISHA

HAFSA

ZAYNAB

WORD SEARCH

WIVES OF THE PROPHET MUHAMMAD (SAW)

Use pencil to trace

A	L	L	A	D	D	H	A	R	R	R	U	I	O	P	L	I	S	J	M	G	T
B	L	N	D	B	R	I	G	R	G	J	I	K	N	I	A	S	H	A	M	I	P
D	Y	U	N	U	S	O	L	A	L	W	A	I	S	A	Y	Y	U	B	R	A	N
K	H	A	D	I	J	U	W	A	Y	R	I	Y	A	A	L	R	A	U	I	T	A
L	L	T	M	U	H	A	M	M	A	D	E	E	D	T	U	L	I	M	M	T	J
R	Y	A	Q	U	B	S	H	I	D	S	S	A	L	I	H	A	B	M	A	A	P
A	S	M	A	L	H	A	D	M	A	R	I	A	A	L	Q	I	B	S	O	W	K
L	C	U	N	N	E	H	T	Q	O	N	G	S	A	W	A	D	A	A	I	W	T
W	L	S	U	M	M	H	A	B	I	B	A	R	A	M	L	A	A	L	I	A	J
A	P	A	U	A	L	R	A	Q	A	D	D	I	M	M	C	A	N	A	U	R	K
A	A	L	G	H	A	U	I	N	T	A	Q	S	M	A	J	R	R	M	E	B	T
L	L	O	L	L	I	N	A	I	S	H	A	M	A	Q	I	R	H	A	R	D	D
I	Z	A	Y	N	M	B	A	L	O	L	O	A	O	J	L	A	T	H	E	M	C
A	A	A	L	S	A	F	I	Y	Y	A	N	I	S	A	E	N	U	I	O	A	K
K	I	B	R	A	Y	I	M	A	L	M	Q	H	A	F	S	A	U	N	O	L	O
N	T	E	M	A	M	W	A	A	H	U	D	H	K	U	A	E	S	D	E	B	A
A	H	D	A	L	U	A	R	I	L	A	Z	A	L	Y	A	S	A	M	A	N	I
L	Z	A	K	A	N	I	Y	A	U	G	H	A	N	I	W	S	I	B	R	A	E
G	A	W	A	G	A	K	O	C	A	L	W	A	A	H	I	D	N	I	T	T	I
R	L	U	A	D	A	N	K	H	J	T	A	D	H	U	L	K	I	F	L	I	J
A	S	D	A	M	A	R	I	A	A	L	Q	I	B	T	I	Y	Y	A	A	N	A
D	H	U	L	J	A	L	M	U	S	Q	I	T	I	K	R	A	M	D	C	O	M

KEYWORDS

UMM SALAMA HIND

JUWAYRIYA

UMM HABIBA RAMLA

SAFIYYA

MAYMUNA

MARIA AL-QIBTIYYA

WORD SEARCH

GENERAL WORDS

Use pencil to trace

A	L	L	A	D	D	H	A	R	R	R	U	I	O	P	L	I	S	J	M	G	T
B	L	N	D	B	R	I	G	R	G	J	I	K	N	I	A	S	H	A	M	I	P
D	Y	U	N	U	S	O	L	A	L	W	A	I	S	A	Y	Y	U	B	R	A	N
K	H	A	D	I	J	U	W	A	Y	R	I	Y	A	A	L	R	A	U	I	T	A
L	L	T	J	I	H	A	D	M	A	D	E	E	D	T	U	L	I	M	M	T	J
R	Y	A	Q	U	B	S	H	I	D	S	S	A	H	I	H	A	B	M	A	A	P
A	S	M	A	L	H	A	D	M	A	R	I	A	A	L	Q	I	B	S	O	W	K
L	C	U	N	N	E	H	T	Q	O	N	G	S	R	W	A	D	A	A	I	W	T
W	L	S	U	M	A	K	K	A	H	B	A	R	A	M	L	A	A	L	I	A	J
A	P	A	U	A	L	R	A	Q	A	D	D	I	M	M	C	A	N	A	U	R	K
A	A	L	G	H	A	U	I	N	T	A	Q	S	M	A	J	R	R	M	E	B	T
L	L	O	L	L	I	N	A	I	S	H	A	M	A	Q	I	R	H	A	R	D	D
I	Z	A	Y	N	M	B	A	L	O	L	O	A	O	J	L	A	T	H	E	M	C
A	A	A	L	S	U	N	N	A	H	A	N	I	S	A	E	N	U	I	O	A	K
K	I	B	R	A	Y	I	M	A	L	M	Q	H	A	F	S	A	U	N	O	L	O
N	T	E	M	A	M	W	A	A	H	U	D	H	A	D	I	T	H	D	E	B	A
A	H	D	A	L	U	A	R	I	L	A	Z	A	L	Y	A	S	A	M	A	N	I
L	Z	A	K	A	N	I	Y	A	U	G	H	A	N	I	W	S	I	B	R	A	E
G	A	W	A	G	A	K	O	C	A	L	W	A	A	H	I	D	N	I	T	T	I
R	L	U	A	D	A	N	K	H	J	T	A	D	H	U	L	K	I	F	L	I	J
A	S	D	A	M	A	R	I	A	A	L	Q	I	B	T	I	Y	Y	A	A	N	A
D	H	U	L	J	A	L	M	U	S	Q	I	T	I	K	R	A	M	D	C	O	M

KEYWORDS

MAKKAH

HARAM

SUNNAH

HADITH

JIHAD

WORD SEARCH

GENERAL WORDS

Use pencil to trace

A	L	L	A	D	D	H	A	R	R	R	U	I	O	P	L	I	S	J	M	G	T
B	L	N	D	B	R	I	G	R	G	J	I	K	N	I	A	S	H	A	M	I	P
D	Y	U	N	U	S	O	L	A	L	W	A	I	S	A	Y	Y	U	B	R	A	N
K	H	A	D	I	J	U	W	A	Y	R	I	Y	A	A	L	R	A	U	I	T	A
L	L	T	J	I	B	A	D	A	H	D	E	E	D	T	U	L	I	M	M	T	J
R	Y	A	Q	U	B	S	H	I	D	S	S	A	H	I	H	A	B	M	A	A	P
A	S	M	A	L	H	A	D	M	A	R	I	A	A	L	Q	I	B	S	O	W	K
L	C	U	N	N	E	H	T	Q	O	N	G	S	R	W	A	D	A	A	I	W	T
W	L	S	U	M	A	K	K	A	H	B	A	R	A	M	L	A	A	L	I	A	J
A	P	A	K	A	A	B	A	H	A	D	D	I	M	M	C	A	N	A	U	R	K
A	A	L	G	H	A	U	I	N	T	A	Q	S	M	A	J	R	R	M	E	B	T
L	L	O	L	L	I	N	A	I	S	H	A	M	A	S	J	I	D	A	R	D	D
I	Z	A	Y	N	M	B	A	L	O	L	O	A	O	J	L	A	T	H	E	M	C
A	A	A	L	S	U	N	N	A	H	A	N	I	S	A	E	N	U	I	O	A	K
K	I	B	R	A	Y	I	M	A	L	M	Q	H	A	F	S	A	U	N	O	L	O
N	T	E	M	A	M	W	A	A	H	U	D	H	A	D	I	T	H	D	E	B	A
A	H	D	A	L	U	A	R	I	L	A	Z	A	L	Y	A	S	A	M	A	N	I
L	R	A	M	A	D	A	N	A	U	G	H	A	N	I	W	S	I	B	R	A	E
G	A	W	A	G	A	K	O	C	A	L	W	A	A	H	I	D	N	I	T	T	I
R	L	U	A	D	A	N	K	H	J	T	A	D	H	U	L	K	I	F	L	I	J
A	S	D	A	M	A	R	I	A	A	L	Q	I	B	T	I	Y	Y	A	A	N	A
D	H	U	L	J	A	L	M	U	S	Q	I	T	I	K	R	A	M	D	C	O	M

KEYWORDS

IBADAH

MASJID

RAMADAN

KAABAH

WORD SEARCH

CHILDREN OF THE PROPHET MUHAMMAD (SAW)

Use pencil to trace

A	L	L	A	D	D	H	A	R	R	R	U	I	O	P	L	I	S	J	F	G	T
B	L	N	D	B	R	I	G	R	G	J	I	K	N	I	A	S	H	A	A	I	P
D	Y	U	M	M	K	U	L	T	H	U	M	I	S	A	Y	Y	U	B	T	A	N
K	H	A	D	I	J	U	W	A	Y	R	I	Y	A	A	L	R	A	U	I	T	A
L	L	T	M	U	H	A	M	M	A	D	E	E	D	T	U	L	I	M	M	T	J
R	Y	A	Q	U	B	S	H	I	D	S	S	A	L	I	H	A	B	M	A	A	P
A	S	M	A	L	H	A	D	M	A	R	I	A	A	L	Q	I	B	S	H	W	K
L	C	U	N	N	E	H	T	Q	O	N	G	S	A	W	A	D	A	A	I	W	T
W	L	S	U	M	M	H	A	B	I	B	A	R	A	M	L	A	A	L	I	A	J
A	P	A	U	A	L	R	A	Q	A	D	D	I	M	M	C	A	N	A	U	R	K
A	A	L	G	H	R	U	Q	A	Y	Y	A	H	M	A	J	R	R	M	E	B	T
L	L	O	L	L	I	N	A	I	S	H	A	M	A	Q	I	R	H	A	R	D	D
I	Z	A	Y	N	M	B	A	L	O	L	O	A	I	B	R	A	H	I	M	M	C
A	A	A	L	S	A	F	I	Y	Y	A	N	I	S	A	E	N	U	I	O	A	K
K	I	B	R	A	Y	I	M	A	L	M	Q	H	A	F	S	A	U	N	O	L	O
N	T	E	M	A	M	W	A	A	H	U	D	H	K	Z	A	I	N	A	B	B	A
A	H	U	M	M	S	A	L	I	L	A	Z	A	L	Y	A	S	A	M	A	N	I
L	Z	A	K	A	N	I	Y	A	U	G	H	A	N	I	W	S	I	B	R	A	E
G	A	Q	A	S	I	M	O	C	A	L	W	A	B	D	A	L	L	A	H	T	I
R	L	U	A	D	A	N	K	H	J	T	A	D	H	U	L	K	I	F	L	I	J
A	S	D	A	M	A	R	I	A	A	L	Q	I	B	T	I	Y	Y	A	A	N	A
D	H	U	L	J	A	L	M	U	S	Q	I	T	I	K	R	A	M	D	C	O	M

KEYWORDS

QASIM

ZAINAB

RUQAYYAH

FATIMAH

UMM KULTHUM

ABD-ALLAH

IBRAHIM

WORD SEARCH

SIX ARTICLES OF FAITHS

Use pencil to trace

A	L	L	A	D	D	H	A	R	R	R	U	I	O	P	L	I	S	J	F	G	B
B	E	L	I	E	V	E	I	N	J	U	D	G	E	M	E	N	T	D	A	Y	E
D	Y	U	M	M	K	U	L	T	H	U	M	I	S	A	Y	Y	U	B	T	A	L
K	H	A	D	I	J	U	W	A	Y	R	I	Y	A	A	L	R	A	U	I	T	I
L	L	T	M	U	H	A	M	M	A	D	E	E	D	T	U	L	I	M	M	T	E
R	Y	A	Q	U	B	S	H	I	D	S	S	A	L	I	H	A	B	M	A	A	V
A	S	M	A	L	H	A	D	M	A	R	I	A	A	L	Q	I	B	S	H	W	E
L	C	U	N	N	E	H	T	Q	O	N	G	S	A	W	A	D	A	A	I	W	I
B	E	L	I	E	V	E	I	N	B	O	O	K	S	O	F	A	L	L	A	H	N
A	P	A	U	A	L	R	A	Q	A	D	D	I	M	M	C	A	N	A	U	R	T
A	A	L	G	H	R	U	Q	A	Y	Y	A	H	M	A	J	R	R	M	E	B	H
L	L	O	L	L	I	N	A	I	S	H	A	M	A	Q	I	R	H	A	R	D	E
B	E	L	I	E	V	E	I	N	D	I	V	I	N	E	D	E	C	R	E	E	P
A	A	A	L	S	A	F	I	Y	Y	A	N	I	S	A	E	N	U	I	O	A	R
K	I	B	R	A	Y	I	M	A	L	M	Q	H	A	F	S	A	U	N	O	L	O
N	T	E	M	A	M	W	A	A	H	U	D	H	K	Z	A	I	N	A	B	B	P
A	H	U	M	M	S	A	L	I	L	A	Z	A	L	Y	A	S	A	M	A	N	H
L	Z	A	K	A	N	I	Y	A	U	G	H	A	N	I	W	S	I	B	R	A	E
G	A	Q	A	S	B	E	L	I	E	V	E	I	N	A	N	G	E	L	S	T	T
R	L	U	A	D	A	N	K	H	J	T	A	D	H	U	L	K	I	F	L	I	S
A	S	B	E	L	I	E	V	E	I	N	A	L	L	A	H	Y	Y	A	A	N	A
D	H	U	L	J	A	L	M	U	S	Q	I	T	I	K	R	A	M	D	C	O	M

KEYWORDS

BELIEVE IN ALLAH

BELIEVE IN ANGELS

BELIEVE IN BOOKS OF ALLAH

BELIEVE IN THE PROPHETS

BELIEVE IN JUDGEMENT DAY

BELIEVE IN DIVINE DECREE

PART TWO

SOLUTION TO THE EXERCISES

WORD SEARCH

ISLAMIC DAYS OF THE WEEK

A	T	H	I	H	A	L	A	T	H	A	U	I	O	P	L	I	K	J	M	G	T
B	L	N	D	B	R	I	G	R	G	J	I	K	N	I	G	E	R	P	K	O	P
D	S	O	K	O	T	O	L	A	G	O	S	I	A	R	T	S	E	M	C	O	J
U	F	O	E	M	E	N	T	U	L	P	P	O	L	S	S	I	O	N	K	C	A
L	L	T	M	A	C	H	I	N	E	I	D	E	A	T	U	L	O	L	O	K	J
R	I	L	O	R	I	N	K	W	A	R	A	D	R	E	S	A	E	R	A	O	P
A	S	S	A	B	T	B	O	M	T	E	J	F	B	E	C	A	N	N	O	A	K
S	C	O	N	N	E	C	T	I	O	N	G	H	I	A	J	E	R	S	E	O	T
H	A	C	C	I	D	E	C	O	M	O	L	O	A	L	J	U	M	A	H	O	J
E	P	O	U	N	D	E	D	C	O	C	O	J	C	E	C	A	N	N	O	A	K
E	A	I	R	P	O	R	T	S	E	M	C	A	M	A	J	E	R	S	E	O	T
D	D	O	L	L	I	S	S	I	O	N	K	J	N	A	L	A	H	A	D		
M	B	O	N	N	E	T	U	L	O	L	O	P	O	J	L	R	T	S	E	M	C
A	B	A	R	A	J	E	S	A	E	R	A	K	C	A	K	S	S	I	O	N	K
K	P	E	O	P	L	E	C	A	N	N	O	T	K	J	H	T	U	L	O	L	O
N	D	E	M	O	L	A	J	E	R	S	E	Y	O	P	A	E	S	A	E	R	A
A	T	U	O	A	L	I	T	H	N	A	Y	N	A	K	M	E	C	A	N	N	O
L	A	M	A	N	A	H	I	H	M	A	N	O	T	E	A	J	E	R	S	E	
G	A	R	A	G	E	K	O	C	A	M	P	I	N	H	E	U	N	I	T	Y	I
R	A	M	A	D	A	N	K	H	I	T	A	B	D	K	S	T	F	G	S	A	J
I	S	L	A	M	I	C	A	L	E	N	D	A	R	M	U	B	A	R	A	Q	A
D	I	S	T	A	N	T	A	J	E	G	U	N	L	E	R	O	A	D	C	O	M

KEYWORDS

AS-SABT

AL-AHAD

AL-ITHNAYN

ATH-THALATHA

AL-ARBI'A

AL-KHAMEES

AL-JUM'AH

WORD SEARCH

ISLAMIC MONTHS

A	T	H	I	H	A	L	A	T	H	A	U	I	O	P	L	I	K	J	M	G	T
B	L	N	D	B	R	I	G	R	G	J	I	K	N	I	S	A	F	R	K	O	P
D	S	O	K	O	T	O	L	A	R	O	S	I	A	R	T	S	E	M	C	O	J
U	F	O	E	M	E	N	T	U	A	P	P	O	L	S	S	I	O	N	K	C	A
L	L	T	M	A	C	H	I	N	B	I	D	E	J	T	U	L	O	L	O	K	J
R	I	L	O	R	I	N	K	W	I	R	A	D	U	E	S	A	E	R	A	O	P
A	S	S	A	B	T	B	O	M	L	E	J	F	M	E	C	A	N	N	O	A	K
S	C	O	N	N	E	C	T	R	A	B	I	L	A	L	T	H	A	N	I	O	T
H	A	C	C	I	D	E	C	O	A	O	L	O	A	L	J	U	M	A	H	O	J
E	P	O	U	N	D	E	D	C	W	C	O	J	D	E	C	A	N	N	O	A	K
E	A	I	R	P	O	R	T	S	W	M	C	A	A	J	E	R	S	E	O	T
D	D	O	L	L	I	S	S	I	A	N	K	J	A	K	A	L	A	H	A	D	D
M	B	O	N	N	E	T	U	L	D	L	O	P	L	J	L	R	T	S	E	M	C
A	B	A	R	A	J	E	S	A	E	R	A	K	A	A	K	S	S	I	O	N	K
K	P	E	O	P	L	E	C	A	N	N	O	T	W	J	H	T	U	L	O	L	O
N	D	E	M	O	L	A	J	E	R	S	E	Y	W	P	A	E	S	A	E	R	A
A	T	U	O	A	L	I	T	H	N	A	Y	N	A	K	M	E	C	A	N	N	O
L	A	M	A	N	A	H	I	H	M	A	N	D	L	T	E	A	J	E	R	S	E
G	A	R	A	G	E	K	O	C	A	M	P	I	N	H	E	U	N	I	T	Y	I
R	A	M	U	H	A	R	R	A	M	T	A	B	D	K	S	T	F	G	S	A	J
I	S	L	A	M	I	C	A	L	E	N	D	A	R	M	U	B	A	R	A	Q	A
D	I	S	T	A	N	T	A	J	U	M	A	D	A	A	L	T	H	A	I	O	M

KEYWORDS

MUHARRAM

SAFAR

RABIL A-AWWAL

RABIL AL-THANI

JUMADA AL-AWWAL

JUMADA AL-THAI

WORD SEARCH

ISLAMIC MONTHS

A	T	H	I	H	A	L	A	T	H	A	U	I	O	P	L	I	K	J	M	G	T
B	L	N	D	B	R	I	G	R	G	J	I	K	N	I	S	A	F	R	K	O	P
D	S	O	K	O	T	O	L	A	R	O	S	I	A	R	T	S	E	M	C	O	R
U	F	O	E	M	E	N	T	U	A	P	P	O	L	S	S	I	O	N	K	C	A
L	L	T	M	A	C	H	I	N	B	D	H	U	L	H	I	J	J	A	H	K	J
R	I	L	O	R	I	N	K	W	I	R	A	D	U	E	S	A	E	R	A	O	A
A	S	S	A	B	T	B	O	M	L	E	J	F	M	E	C	A	N	N	O	A	B
S	C	O	N	N	E	C	T	R	A	B	I	L	A	L	T	H	A	N	I	O	T
H	A	C	C	I	D	E	C	O	A	O	L	O	A	L	J	U	M	A	H	O	J
A	P	O	U	N	D	E	D	C	W	C	O	J	D	E	C	A	N	N	O	A	K
W	A	I	R	D	H	U	L	Q	A	D	A	H	A	A	J	E	R	S	E	O	T
W	D	O	L	L	I	S	S	I	A	N	K	J	A	K	A	R	A	H	A	D	D
A	B	O	N	N	E	T	U	L	L	L	O	P	L	S	H	A	I	B	A	N	C
M	B	A	R	A	J	E	S	A	E	R	A	K	A	A	K	M	S	I	O	N	K
K	P	E	O	P	L	E	C	A	N	N	O	T	W	J	H	A	U	L	O	L	O
N	D	E	M	O	L	A	J	E	R	S	E	Y	W	P	A	D	S	A	E	R	A
A	T	U	O	A	L	I	T	H	N	A	Y	N	A	K	M	A	C	A	N	N	O
L	A	M	A	N	A	H	I	H	M	A	N	D	L	T	E	N	J	E	R	S	E
G	A	R	A	G	E	K	O	C	A	M	P	I	N	H	E	U	N	I	T	Y	I
R	A	M	U	H	A	R	R	A	M	T	A	B	D	K	S	T	F	G	S	A	J
I	S	L	A	M	I	C	A	L	E	N	D	A	R	M	U	B	A	R	A	Q	A
D	I	S	T	A	N	T	A	J	U	M	A	D	A	A	L	T	H	A	I	O	M

KEYWORDS

RAJAB

SHAIBAN

RAMADAN

SHAWWAL

DHUL-QA'DAH

DHUL-HIJJAH

WORD SEARCH

FIVE DAILY PRAYERS

A	T	H	I	H	A	L	A	T	H	A	U	I	O	P	L	I	K	J	M	G	T
B	L	N	D	B	R	I	G	R	G	J	I	K	N	I	S	A	F	R	K	O	P
D	S	O	K	O	T	O	L	A	R	O	S	I	A	R	T	S	E	M	C	O	R
U	F	O	E	M	E	N	T	U	A	P	P	O	L	S	S	I	O	N	K	C	A
L	L	T	M	A	C	H	I	N	B	D	H	U	L	H	I	J	J	A	H	K	J
R	I	L	O	R	I	N	K	S	A	L	A	T	Z	U	H	R	E	R	A	O	A
A	S	S	A	B	T	B	O	M	L	E	J	F	M	E	C	A	N	N	O	A	B
S	C	O	N	N	E	C	T	R	A	B	I	L	A	L	T	H	A	N	I	O	T
H	A	C	C	I	D	E	C	O	A	O	L	O	A	S	J	U	M	A	H	O	J
A	P	S	U	N	D	E	D	C	W	C	O	J	D	A	C	A	N	N	O	A	K
W	A	A	R	D	H	U	L	Q	A	D	A	H	A	L	J	E	R	S	E	O	T
W	D	L	L	I	S	S	I	A	N	S	A	L	A	T	I	S	H	A	D	D
A	S	A	L	A	T	F	A	J	R	L	O	P	L	T	H	A	I	B	A	N	C
L	B	T	R	A	J	E	S	A	E	R	A	K	A	M	K	M	S	I	O	N	K
K	P	A	O	P	L	E	C	A	N	N	O	T	W	A	H	A	U	L	O	L	O
N	D	S	M	O	L	A	J	E	R	S	E	Y	W	G	A	D	S	A	E	R	A
A	T	N	O	A	L	I	T	H	N	A	Y	N	A	H	M	A	C	A	N	N	O
L	A	M	A	N	A	H	I	H	M	A	N	D	L	R	E	N	J	E	R	S	E
G	A	R	A	G	E	K	O	C	A	M	P	I	N	I	E	U	N	I	T	Y	I
R	A	M	U	H	A	R	R	A	M	T	A	B	D	B	S	T	F	G	S	A	J
I	S	L	A	M	I	C	A	L	E	N	D	A	R	M	U	B	A	R	A	Q	A
D	I	S	T	A	N	T	A	J	U	M	A	D	A	A	L	T	H	A	I	O	M

KEYWORDS

SALAT FAJR

SALAT ZUHR

SALAT ASR

SALAT MAGHRIB

SALAT ISHA

FILL IN THE BLANK SPACE

USE PENCIL

1- The Islamic Calendar is called ....

    A} English Calendar

    B} Persian Calendar

    C} Arabian Calendar

    D} **Gregorian calendar**

    E} Roman calendar

2- Islamic month is made up of .... days

    A} 28 or 29

    B} 30 or 31

    C} 31 or 32

    D} **29 or 30**

    E} 35 or 36

3- The Islamic Calendar is based on .... Cycles

    A} Solar

    B} Lunar

    C} Moon

D} **Both A and B**

E} Both A and C

4- The first month of Islamic Calendar is ....

A} Rajjab

B} Shaaban

C} **Muharram**

D} Safar

E} Shaban

5- Quran was revealed in the month of ....

A} **Ramadan**

B} Shaaban

C} Safar

D} Muharram

E} Rajab

ANGELS OF ALLAH

FILL IN THE BOX: USE PENCIL

		R												
K	I	R	A	A	M	A	N	K	A	A	T	I	B	I	N
		D												M
		H												A
		W												A
		A												L
M	U	N	K	A	R	A	N	D	N	A	K	I	R	I
														K

KEYWORDS

MAALIK

RIDHWAN

KIRAAMAN KAATIBIN

MUNKAR AND NAKIR

ANGELS OF ALLAH

FILL IN THE BOX: USE PENCIL

			N					
I	S	R	A	F	I	L		
M	I	N	K	A	I	L		
			I	Z	R	A	I	L
			R					

KEYWORDS

NAKIR

IZRAIL

ISRAFIL

MIKAIL

WORD SEARCH

99 NAMES OF ALLAH

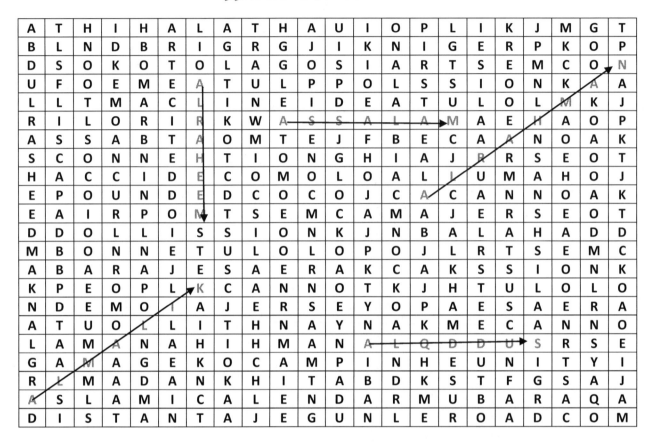

KEYWORDS

AL RAHMAN

AL RAHEEM

AL MALIK

AL QUDDUS

AS SALAM

WORD SEARCH

99 NAMES OF ALLAH

A	T	H	I	H	A	L	M	U	H	A	Y	M	I	N	L	I	K	J	M	G	T
B	L	N	D	B	L	I	G	R	G	J	K	N	I	G	E	R	P	K	O	P	
D	S	O	K	O	M	O	L	A	G	O	S	I	A	R	T	S	E	M	C	O	N
U	F	O	E	M	U	A	T	U	L	P	P	O	L	S	S	I	O	A	K	A	A
L	L	T	M	A	M	L	I	N	E	I	D	E	A	T	U	L	O	U	M	K	J
R	I	L	O	R	I	R	K	W	A	S	S	A	L	A	M	A	E	J	A	O	P
A	S	S	A	B	N	A	O	M	T	E	J	F	B	E	C	A	A	A	O	A	K
S	C	O	N	N	E	H	T	I	O	N	G	H	I	A	J	R	R	B	E	O	T
H	A	C	C	I	D	E	C	O	M	O	L	O	A	L	L	U	M	B	H	O	J
E	P	O	U	N	D	E	D	C	O	C	O	J	C	A	C	A	N	A	O	A	K
E	A	I	R	P	O	M	T	S	E	M	C	A	M	A	J	E	R	A	E	O	T
D	D	O	L	L	I	S	S	I	O	N	K	J	N	B	A	L	A	N	A	D	D
M	B	O	N	N	E	T	U	L	O	L	O	P	O	J	L	R	T	S	E	M	C
A	B	A	R	A	J	E	S	A	L	A	Z	I	Z	A	K	S	S	I	O	N	K
K	P	E	O	P	L	K	C	A	N	N	O	T	K	J	H	T	U	L	O	L	O
N	D	E	M	O	I	A	J	E	R	S	E	Y	O	P	A	E	S	A	E	R	A
A	T	U	O	L	L	I	T	H	N	A	Y	N	A	K	M	E	C	A	N	N	O
L	A	M	A	N	A	L	M	U	T	A	K	A	B	B	I	R	U	S	R	S	E
G	A	M	A	G	E	K	O	C	A	M	P	I	N	H	E	U	N	I	T	Y	I
R	L	M	A	D	A	N	K	H	I	T	A	B	D	K	S	T	F	G	S	A	J
A	S	L	A	M	I	C	A	L	E	N	D	A	R	M	U	B	A	R	A	Q	A
D	I	S	T	A	N	T	A	J	E	G	U	N	L	E	R	O	A	D	C	O	M

KEYWORDS

AL MU'MIN

AL MUHAYMIN

AL AZIZ

AL JABBAAR

AL MUTAKABBIR

WORD SEARCH

99 NAMES OF ALLAH

A	T	H	I	H	A	L	M	U	H	A	Y	M	I	N	L	I	K	J	M	G	T
B	L	N	D	B	L	I	G	R	G	J	I	K	N	I	G	E	R	P	K	O	P
D	S	O	K	O	M	O	L	A	G	O	S	I	A	R	T	S	E	M	C	O	N
U	F	O	E	M	U	A	T	U	L	P	P	O	L	S	S	I	O	A	K	A	A
L	L	T	M	A	M	L	I	N	E	I	D	E	A	T	U	L	O	L	M	K	J
R	I	L	O	R	I	R	K	W	A	L	K	H	A	A	L	I	Q	J	A	O	P
A	S	S	A	B	N	A	O	M	T	E	J	F	B	E	C	A	A	A	O	A	K
S	C	O	N	N	E	H	T	I	O	N	A	H	I	A	J	R	R	B	E	O	T
H	A	L	Q	A	H	H	A	A	R	O	L	O	A	L	L	U	M	B	H	O	J
E	P	O	U	N	D	E	D	C	O	C	G	J	C	A	C	A	N	A	O	A	K
E	A	I	R	P	O	M	T	S	E	M	A	A	M	A	J	E	R	A	E	O	T
D	D	O	L	L	I	S	S	I	O	N	F	J	N	B	A	L	A	R	A	D	D
M	B	O	N	N	E	T	U	L	O	L	F	P	O	J	L	R	L	S	E	M	C
A	B	A	R	A	J	E	S	A	L	A	A	I	Z	A	K	S	B	I	O	N	K
K	P	E	O	P	L	K	C	A	N	N	R	T	K	J	H	T	A	L	O	L	O
N	D	E	M	O	I	A	J	E	R	S	E	Y	O	P	A	E	A	A	E	R	A
A	T	U	O	L	L	I	T	H	N	A	Y	N	A	K	M	E	R	A	N	N	O
L	A	M	A	N	A	L	M	U	T	A	K	A	B	B	I	R	V	S	R	S	E
G	A	M	A	G	E	K	O	C	A	M	P	I	N	H	E	U	N	I	T	Y	I
R	L	M	A	D	A	N	K	H	I	T	A	B	D	K	S	T	F	G	S	A	J
A	S	L	A	M	I	C	A	L	E	N	D	A	R	M	U	B	A	R	A	Q	A
D	I	S	T	A	L	M	U	S	A	W	W	I	R	E	R	O	A	D	C	O	M

KEYWORDS

AL KHAALIQ

AL BAARI

AL MUSAWWIR

AL GAFFAR

AL QAHHAAR

WORD SEARCH

99 NAMES OF ALLAH

A	T	H	I	H	A	L	M	U	H	A	Y	M	I	N	L	I	K	J	M	G	T
B	L	N	D	B	L	I	G	R	G	J	I	K	N	H	G	E	R	P	K	O	P
D	S	O	K	O	M	O	L	A	G	O	S	I	A	R	T	S	E	M	C	O	N
U	F	O	E	M	U	A	T	U	L	P	P	A	L	S	S	I	O	A	K	A	A
L	L	T	M	A	M	L	Q	N	E	I	T	E	A	T	U	L	O	L	M	K	J
R	I	L	O	R	I	A	K	W	A	T	K	H	A	A	L	I	Q	J	A	O	P
A	S	S	A	B	Z	A	O	M	A	E	J	F	B	E	C	A	A	A	O	A	K
S	C	O	N	Z	E	H	T	P	O	N	A	H	I	A	J	R	R	B	E	O	T
H	A	L	A	A	H	H	L	A	R	O	L	O	A	L	L	U	M	B	H	O	J
E	L	R	N	D	A	D	C	O	C	G	J	C	A	C	A	N	A	O	A	K
A	L	I	W	P	O	M	T	S	E	M	A	L	Q	A	A	B	I	D	H	O	T
A	D	O	A	L	I	S	S	I	O	N	F	J	N	B	A	L	A	R	A	D	D
M	B	O	H	N	E	T	U	L	O	L	F	P	O	J	L	R	L	S	E	M	C
A	B	A	H	A	J	E	S	A	L	A	A	I	Z	A	K	S	B	I	O	N	K
K	P	E	A	P	L	K	C	A	N	N	R	T	K	J	H	T	A	L	O	L	O
N	D	E	A	O	I	A	J	E	R	S	E	Y	O	P	A	E	A	A	E	R	A
A	T	U	B	L	L	I	T	H	N	A	Y	N	A	K	M	E	R	A	N	N	O
L	A	M	A	N	A	L	M	U	T	A	K	A	L	A	L	I	M	S	R	S	E
G	A	M	A	G	E	K	O	C	A	M	P	I	N	H	E	U	N	I	T	Y	I
R	L	M	A	D	A	N	K	H	I	T	A	B	D	K	S	T	F	G	S	A	J
A	S	L	A	M	I	C	A	L	E	N	D	A	R	M	U	B	A	R	A	Q	A
D	I	S	T	A	L	M	U	S	A	W	W	I	R	E	R	O	A	D	C	O	M

KEYWORDS

AL WAHHAAB

AR RAZZAQ

AL FATTAAH

AL ALIM

AL QAABIDH

WORD SEARCH

99 NAMES OF ALLAH

A	T	H	I	H	A	L	M	U	H	A	Y	M	I	N	L	I	K	J	M	G	T
B	L	N	D	B	L	I	G	R	G	J	I	K	N	H	G	E	R	P	K	O	P
D	S	O	K	O	M	O	L	A	G	O	S	I	A	R	T	S	E	M	C	O	N
U	F	O	E	M	U	A	T	U	L	P	P	A	L	S	S	I	O	A	K	A	A
L	L	T	M	A	M	L	Q	N	E	I	T	E	A	T	U	L	O	L	M	K	J
R	I	L	O	R	I	A	K	W	A	T	K	H	A	A	L	I	Q	J	A	O	P
A	S	S	A	B	Z	A	O	M	A	E	J	F	B	E	C	A	A	A	O	A	K
S	C	O	N	Z	E	L	T	F	O	N	A	H	I	A	J	R	R	B	E	O	T
H	A	L	A	A	H	B	L	A	R	O	L	O	A	L	L	U	M	B	H	O	J
E	L	R	L	N	D	A	D	C	O	C	K	J	C	A	C	A	N	A	O	A	K
A	L	I	W	P	O	S	T	S	E	M	H	L	Q	A	A	A	I	D	H	O	T
A	D	O	A	L	I	I	A	I	O	N	A	J	N	B	A	L	A	R	A	D	D
M	B	O	H	N	E	T	L	L	O	L	A	P	O	J	L	M	L	S	E	M	C
A	B	A	H	A	J	E	R	A	L	A	F	I	Z	A	K	U	B	I	O	N	K
K	P	E	A	P	L	K	A	N	N	I	T	K	J	H	I	A	L	O	L	O
N	D	E	A	O	I	A	A	E	R	S	D	Y	O	P	A	Z	A	A	E	R	A
A	T	U	B	L	L	I	F	H	N	A	H	N	A	K	M	Z	R	A	N	N	O
L	A	M	A	N	A	L	U	T	A	K	A	L	A	L	I	M	S	R	S	E
G	A	M	A	G	E	K	O	C	A	M	P	I	N	H	E	U	N	I	T	Y	I
R	L	M	A	D	A	N	K	H	I	T	A	B	D	K	S	T	F	G	S	A	J
A	S	L	A	M	I	C	A	L	E	N	D	A	L	M	U	D	I	L	A	Q	A
D	I	S	T	A	L	M	U	S	A	W	W	I	R	E	R	O	A	D	C	O	M

KEYWORDS

AL BASIT

AL KHAAFIDH

AR RAAFI

AL MUIZZ

AL MUDIL

99 NAMES OF ALLAH

A	L	L	A	T	I	F	A	T	H	A	U	I	O	P	L	I	K	J	M	G	T
B	L	N	D	B	R	I	G	R	G	J	I	K	N	I	A	S	S	A	M	I	P
D	S	O	K	O	T	O	L	A	G	O	S	I	A	R	T	S	E	M	C	O	N
U	F	O	E	M	E	A	T	U	L	P	P	O	L	S	S	I	O	N	K	A	A
L	L	T	M	A	C	L	I	N	E	I	D	E	A	T	U	L	O	L	M	K	J
R	I	L	O	R	I	R	K	W	A	S	S	A	L	A	M	A	E	H	A	O	P
A	S	S	A	B	T	A	L	B	A	S	I	R	B	E	C	A	A	N	O	A	K
S	C	O	N	N	E	H	T	I	O	N	G	H	I	A	J	R	R	S	E	O	T
H	A	C	C	I	D	E	C	O	M	O	L	O	A	L	L	U	M	A	H	O	J
E	P	O	U	N	D	E	D	C	O	C	O	J	C	A	C	A	N	N	O	A	K
E	A	I	R	P	O	M	T	S	E	M	C	A	M	A	J	E	R	S	E	O	T
D	D	O	L	L	I	S	S	I	O	N	K	J	N	B	A	L	A	H	A	D	D
M	B	O	N	N	E	T	U	L	O	L	O	P	O	J	L	R	T	S	E	M	C
A	B	A	L	H	A	K	A	M	E	R	A	K	C	A	K	S	S	I	O	N	K
K	P	E	O	P	L	K	C	A	N	N	O	T	K	J	H	T	U	L	O	L	O
N	D	E	M	O	I	A	J	E	R	S	E	Y	O	P	A	E	S	A	E	R	A
A	T	U	O	L	L	I	T	H	N	A	Y	N	A	L	A	D	L	A	N	N	O
L	A	M	A	N	A	H	I	H	M	A	N	A	L	Q	D	D	U	S	R	S	E
G	A	M	A	G	E	K	O	C	A	M	P	I	N	H	E	U	N	I	T	Y	I
R	L	M	A	D	A	N	K	H	I	T	A	B	D	K	S	T	F	G	S	A	J
A	S	L	A	M	I	C	A	L	E	N	D	A	R	M	U	B	A	R	A	Q	A
D	I	S	T	A	N	T	A	J	E	G	U	N	L	E	R	O	A	D	C	O	M

KEYWORDS

AS SAMI

AL BASIR

AL HAKAM

AL ADL

AL LATIF

WORD SEARCH

99 NAMES OF ALLAH

A	L	L	A	T	I	F	A	T	H	A	U	I	O	P	L	I	K	J	M	G	T
B	L	N	D	B	R	I	G	R	G	J	I	K	N	I	A	S	S	A	M	I	P
D	S	O	K	O	T	O	L	A	G	O	S	I	A	R	T	S	E	M	C	O	N
U	F	O	E	M	E	A	T	U	L	P	P	O	L	S	S	I	O	N	K	A	A
L	L	T	M	A	C	L	I	N	E	I	D	E	A	T	U	L	O	L	M	K	J
R	I	L	O	R	I	R	K	W	A	S	S	A	L	A	M	A	E	H	A	O	P
A	S	S	A	B	T	A	L	H	A	L	I	M	B	E	C	A	A	N	O	A	K
S	C	O	N	N	E	H	T	I	O	N	G	H	I	A	J	R	R	S	E	O	T
H	A	C	C	I	D	E	C	O	M	O	L	O	A	L	L	U	M	A	H	O	J
E	P	O	U	N	D	E	D	C	O	C	O	J	C	A	C	A	N	N	O	A	K
E	A	I	R	P	O	M	T	S	E	M	C	A	M	A	J	E	R	S	E	O	T
D	L	O	L	L	I	S	S	I	O	N	K	J	N	B	A	L	A	H	A	D	D
M	G	O	N	N	E	T	U	L	O	L	O	P	O	J	L	R	T	S	E	M	C
A	H	A	L	H	A	K	A	M	E	R	A	L	Z	E	E	M	U	I	O	N	K
K	A	E	O	P	L	K	C	A	N	N	O	T	K	J	H	T	U	L	O	L	O
N	F	E	M	O	I	A	J	E	R	S	E	Y	O	P	A	E	S	A	E	R	A
A	U	U	O	L	L	I	T	H	N	A	Y	N	A	L	A	D	L	A	N	N	O
L	R	M	A	N	A	H	I	H	M	A	N	A	L	Q	D	D	U	S	R	S	E
G	A	M	A	G	E	K	O	C	A	M	P	I	N	H	E	U	N	I	T	Y	I
R	L	M	A	D	A	N	K	H	I	T	A	L	K	H	A	B	I	R	S	A	J
A	S	L	A	M	I	C	A	L	E	N	D	A	R	M	U	B	A	R	A	Q	A
D	I	S	T	A	N	T	A	S	H	S	H	A	K	U	R	O	A	D	C	O	M

KEYWORDS

AL KHABIR

AL HALIM

AL ZEEMU

AL GHAFUR

ASH SHAKUR

99 NAMES OF ALLAH

A	L	L	A	T	I	F	A	T	H	A	U	I	O	P	L	I	K	J	M	G	T
B	L	N	D	B	R	I	G	R	G	J	I	K	N	I	A	S	S	A	M	I	P
D	S	O	K	O	T	O	L	A	G	O	S	I	A	L	K	A	B	I	R	O	N
U	F	A	L	M	U	Q	I	T	L	P	P	O	L	S	S	I	O	N	K	A	A
L	L	T	M	A	C	L	I	N	E	I	D	E	A	T	U	L	O	L	M	K	J
R	I	L	O	R	I	R	K	W	A	S	S	A	L	A	M	A	E	H	A	O	P
A	S	S	A	B	T	A	L	H	A	L	A	L	I	E	C	A	A	N	O	A	K
S	C	O	N	N	E	H	T	I	O	N	G	H	I	A	J	R	R	S	E	O	T
H	A	C	C	I	D	E	C	O	M	O	L	O	A	L	L	U	M	A	H	O	J
E	P	O	U	N	D	E	D	C	O	C	O	J	C	A	C	A	N	N	O	A	K
E	A	I	R	P	O	M	T	S	E	M	C	A	M	A	J	E	R	S	E	O	T
D	L	O	L	L	I	S	S	I	O	N	K	J	N	B	A	L	A	H	A	D	D
M	G	O	N	N	E	T	U	L	O	L	O	P	O	J	L	R	T	S	E	M	C
A	H	A	L	H	A	K	A	L	H	A	F	I	D	H	E	M	U	I	O	N	K
K	A	E	O	P	L	K	C	A	N	N	O	T	K	J	H	T	U	L	O	L	O
N	F	E	M	O	I	A	J	E	R	S	E	Y	O	P	A	E	S	A	E	R	A
A	U	U	O	L	L	I	T	H	N	A	Y	N	A	L	A	D	L	A	N	N	O
L	R	M	A	N	A	H	I	H	M	A	N	A	L	H	A	S	I	B	R	S	E
G	A	M	A	G	E	K	O	C	A	M	P	I	N	H	E	U	N	I	T	Y	I
R	L	M	A	D	A	N	K	H	I	T	A	L	K	H	A	B	I	R	S	A	J
A	S	L	A	M	I	C	A	L	E	N	D	A	R	M	U	B	A	R	A	Q	A
D	I	S	T	A	N	T	A	S	H	S	H	A	K	U	R	O	A	D	C	O	M

KEYWORDS

AL ALI

AL KABIR

AL HAFIDH

AL MUQIT

AL HASIB

WORD SEARCH

99 NAMES OF ALLAH

A	L	L	A	T	I	F	A	T	H	A	U	I	O	P	L	I	K	J	M	G	T
B	L	N	D	B	R	I	G	R	G	J	I	K	N	I	A	S	S	A	M	I	P
D	S	O	K	O	T	O	L	A	G	O	S	I	A	L	K	A	B	I	R	O	N
U	F	A	L	M	U	Q	I	T	L	P	P	O	L	A	L	R	A	Q	I	B	A
L	L	T	M	A	S	H	S	H	A	H	E	E	D	T	U	L	O	L	M	K	J
R	I	L	O	R	I	R	K	W	A	S	S	A	L	A	M	A	E	H	A	O	P
A	S	S	A	B	T	A	L	H	A	L	A	L	I	E	C	A	A	N	O	A	K
S	C	O	N	N	E	H	T	I	O	N	G	H	I	A	J	R	R	S	E	O	T
H	A	C	A	L	M	U	J	I	B	O	L	O	A	L	L	U	M	A	H	O	J
E	P	O	U	A	L	M	A	J	I	D	O	J	C	A	C	A	N	N	O	A	K
E	A	I	R	P	O	M	T	S	E	M	C	A	M	A	J	E	R	S	E	O	T
D	L	O	L	L	I	S	S	I	O	N	K	J	N	L	A	L	A	H	A	D	D
M	B	O	N	N	E	T	U	L	O	L	O	P	O	W	L	R	T	S	E	M	C
A	A	L	H	A	K	A	L	H	A	F	I	D	A	E	M	U	I	O	N	K
K	I	E	O	P	L	K	C	A	N	N	O	T	K	D	H	T	U	L	O	L	O
N	T	E	M	O	I	A	J	E	R	S	E	Y	O	U	A	E	S	A	E	R	A
A	H	U	A	L	K	A	R	I	M	A	Y	N	A	D	L	D	L	A	N	N	O
L	R	M	A	L	H	A	K	I	M	A	N	A	L	H	W	S	I	B	R	A	E
G	A	M	A	G	E	K	O	C	A	M	P	I	N	H	A	U	N	I	T	L	I
R	L	M	A	D	A	N	K	H	I	T	A	L	K	H	S	B	I	R	S	W	J
A	S	L	A	M	I	C	A	L	E	N	D	A	R	M	I	B	A	R	A	Q	A
D	I	S	T	A	L	J	A	L	I	L	H	A	K	U	R	O	A	D	C	O	M

KEYWORDS

AL HAKIM

AL WADUD

AL MAJID

AL BAITH

ASH SHAHEED

WORD SEARCH

99 NAMES OF ALLAH

A	L	L	A	T	I	F	A	T	H	A	U	I	O	P	L	I	K	J	M	G	T
B	L	N	D	B	R	I	G	R	G	J	I	K	N	I	A	S	S	A	M	I	P
D	S	O	K	O	T	O	L	A	L	W	A	K	I	L	K	A	B	I	R	O	N
U	F	A	L	M	U	Q	I	L	L	P	P	O	L	A	L	R	A	Q	I	B	A
L	L	T	M	A	S	H	S	H	A	H	E	E	D	T	U	L	O	L	M	K	J
R	I	L	O	R	I	R	K	A	A	S	S	A	L	A	M	A	E	H	A	O	P
A	S	S	A	B	T	A	L	Q	A	L	A	L	I	E	C	A	A	N	O	A	K
S	C	O	N	N	E	H	T	Q	O	N	G	H	I	A	J	R	R	S	E	O	T
H	A	C	A	L	M	U	J	I	B	O	L	O	A	L	L	U	M	A	H	O	J
E	P	O	U	A	L	M	A	J	I	D	O	J	C	A	C	A	N	N	O	A	K
E	A	I	R	P	O	M	T	S	E	M	C	A	M	A	J	E	R	S	E	O	T
D	L	O	L	L	I	S	S	I	O	N	K	J	N	L	A	L	A	H	A	D	D
M	B	O	N	N	E	T	U	L	O	L	O	P	O	W	L	R	T	S	E	M	C
A	A	A	L	H	A	M	A	T	E	E	N	I	D	A	E	M	U	I	O	N	K
K	I	E	O	P	L	K	C	A	N	N	O	T	K	D	H	T	U	L	O	L	O
N	T	E	M	O	W	A	J	E	R	S	E	Y	O	U	A	E	S	A	E	R	A
A	H	U	A	L	A	A	R	I	M	A	Y	N	A	D	L	D	L	A	N	N	O
L	R	M	A	L	L	A	K	I	M	A	N	A	L	H	W	S	I	B	R	A	E
G	A	M	A	G	I	K	O	C	A	M	P	I	N	H	A	U	N	I	T	L	I
R	L	M	A	D	A	N	K	H	I	T	A	L	Q	A	W	I	Y	Y	S	W	J
A	S	L	A	M	I	C	A	L	E	N	D	A	R	M	I	B	A	R	A	Q	A
D	I	S	T	A	L	J	A	L	I	L	H	A	K	U	R	O	A	D	C	O	M

KEYWORDS

AL HAQQ

AL WAKIL

AL QAWIYY

A MATEEN

AL WALI

WORD SEARCH

99 NAMES OF ALLAH

A	L	L	A	T	I	F	A	T	H	A	U	I	O	P	L	I	K	J	M	G	T
B	L	N	D	B	R	I	G	R	G	J	I	K	N	I	A	S	S	A	M	I	P
D	S	O	K	O	T	O	L	A	L	W	A	K	I	L	K	A	B	I	R	O	N
U	F	A	L	M	U	Q	A	L	M	U	H	Y	I	A	L	R	A	Q	I	B	A
L	L	T	M	A	S	H	S	H	A	H	E	E	D	T	U	L	O	L	M	K	J
R	I	L	O	R	I	R	K	A	A	S	S	A	L	A	M	A	E	H	A	O	P
A	S	S	A	B	T	A	L	Q	A	L	A	L	I	E	C	A	A	N	O	A	K
S	C	O	N	N	E	H	T	Q	O	N	G	H	I	A	J	R	R	S	E	O	T
A	L	H	A	M	I	D	U	I	B	O	L	O	A	L	L	U	M	A	H	O	J
E	P	O	U	A	L	M	A	J	I	D	O	J	C	A	C	A	N	N	O	A	K
E	A	I	R	P	O	M	T	S	E	M	C	A	M	A	J	E	R	S	E	O	T
D	L	O	L	L	I	S	S	I	A	L	M	U	I	D	A	L	A	H	A	D	D
M	B	O	N	N	E	T	U	L	O	L	O	P	O	W	L	R	T	S	E	M	C
A	A	A	L	H	A	M	A	T	E	E	N	I	D	A	E	M	U	I	O	N	K
K	I	E	O	P	L	K	C	A	N	N	O	T	K	D	H	T	U	L	O	L	O
N	T	E	M	O	W	A	J	E	R	S	E	Y	O	U	A	E	S	A	E	R	A
A	H	U	A	L	A	A	R	I	M	A	Y	N	A	A	L	M	U	B	D	I	O
L	R	M	A	L	L	A	K	I	M	A	N	A	L	H	W	S	I	B	R	A	E
G	A	M	A	G	I	K	O	C	A	M	P	I	N	H	A	U	N	I	T	L	I
R	L	M	A	D	A	N	K	H	I	T	A	L	Q	A	W	I	Y	Y	S	W	J
A	S	L	A	M	I	C	A	L	E	N	D	A	R	M	I	B	A	R	A	Q	A
D	I	S	T	A	L	M	U	H	S	I	H	A	K	U	R	O	A	D	C	O	M

KEYWORDS

AL HAMIDU

AL MUHSI

AL MUBDI

AL MUID

AL MUHYI

WORD SEARCH

99 NAMES OF ALLAH

A	L	L	A	T	I	F	A	T	H	A	U	I	O	P	L	I	K	J	M	G	T
B	L	N	D	B	R	I	G	R	G	J	I	K	N	I	A	S	S	A	M	I	P
D	S	O	K	O	T	O	L	A	L	W	A	K	I	L	K	A	B	I	R	O	N
U	F	A	L	Q	A	Y	Y	U	M	U	H	Y	I	A	L	R	A	Q	I	B	A
L	L	T	M	A	S	H	S	H	A	H	E	E	D	T	U	L	O	L	M	K	J
R	I	L	O	R	I	R	K	A	A	S	S	A	L	A	M	A	E	H	A	O	P
A	S	S	A	B	T	A	L	Q	A	L	A	L	I	E	C	A	A	N	O	A	K
S	C	O	N	N	E	H	T	Q	O	N	G	H	I	A	L	M	U	M	I	T	T
A	L	H	A	M	I	D	U	I	B	O	L	O	A	L	L	U	M	A	H	O	J
E	P	O	U	A	L	H	A	Y	Y	D	O	J	C	M	C	A	N	N	O	A	K
E	A	I	R	P	O	M	T	S	E	M	C	A	M	A	J	E	R	S	E	O	T
D	L	O	L	L	I	S	S	I	A	L	M	U	I	A	L	A	H	A	D	D	D
M	B	O	N	N	E	T	U	L	O	L	O	P	O	J	L	R	T	S	E	M	C
A	A	A	L	H	A	M	A	T	E	E	N	I	D	I	E	M	U	I	O	N	K
K	I	E	O	P	L	K	C	A	N	N	O	T	K	D	H	T	U	L	O	L	O
N	T	E	M	O	W	A	L	W	A	A	J	I	D	U	A	E	S	A	E	R	A
A	H	U	A	L	A	A	R	I	L	A	Y	N	A	A	L	M	U	B	D	I	O
L	R	M	A	L	L	A	K	I	M	A	N	A	L	H	W	S	I	B	R	A	E
G	A	M	A	G	I	K	O	C	A	M	P	I	N	H	A	U	N	I	T	L	I
R	L	M	A	D	A	N	K	H	J	T	A	L	Q	A	W	I	Y	Y	S	W	J
A	S	L	A	M	I	C	A	L	E	N	D	A	R	M	I	B	A	R	A	Q	A
D	I	S	T	A	L	M	U	H	S	I	H	A	K	U	R	O	A	D	C	O	M

KEYWORDS

AL MUMIT

AL HAYY

AL QAYYUM

AL WAAJID

AL MAAJID

WORD SEARCH

99 NAMES OF ALLAH

A	L	L	A	L	Q	A	A	D	I	R	U	I	O	P	L	I	K	J	M	G	T
B	L	N	D	B	R	I	G	R	G	J	I	K	N	I	A	S	S	A	M	I	P
D	S	O	K	O	T	O	L	A	L	W	A	K	I	L	K	A	B	I	R	O	N
U	F	A	L	Q	A	Y	Y	U	M	U	H	Y	I	A	L	R	A	Q	I	B	A
L	L	T	M	A	S	H	S	H	A	H	E	E	D	T	U	L	O	L	M	K	J
R	I	L	O	R	I	R	K	A	A	S	S	A	L	A	M	A	E	H	A	O	P
A	S	S	A	B	T	A	L	Q	A	L	A	L	A	H	A	D	A	N	O	A	K
S	C	O	N	N	E	H	T	Q	O	N	G	H	I	A	L	M	U	M	I	T	T
A	L	H	A	M	I	D	U	I	B	O	L	O	A	L	L	U	M	A	H	O	J
E	P	O	U	A	L	H	A	Y	Y	D	O	J	C	M	C	A	N	N	O	A	K
E	A	S	S	A	M	A	D	S	E	M	C	A	M	A	J	E	R	S	E	O	T
D	L	O	L	L	I	S	S	I	A	L	M	U	I	A	A	L	A	H	A	D	D
M	B	O	N	N	E	T	U	L	O	L	O	P	O	J	L	R	T	S	E	M	C
A	A	A	L	H	A	M	A	T	E	E	N	I	D	I	E	M	U	I	O	N	K
K	I	E	O	P	L	K	C	A	L	M	Q	T	A	D	I	R	U	L	O	L	O
N	T	E	M	O	W	A	L	W	A	A	J	I	D	U	A	E	S	A	E	R	A
A	H	U	A	L	A	A	R	I	L	A	Y	N	A	A	L	M	U	B	D	I	O
L	R	M	A	L	L	A	K	I	M	A	N	A	L	H	W	S	I	B	R	A	E
G	A	M	A	G	I	K	O	C	A	L	W	A	A	H	I	D	N	I	T	L	I
R	L	M	A	D	A	N	K	H	J	T	A	L	Q	A	W	I	Y	Y	S	W	J
A	S	L	A	M	I	C	A	L	E	N	D	A	R	M	I	B	A	R	A	Q	A
D	I	S	T	A	L	M	U	H	S	I	H	A	K	U	R	O	A	D	C	O	M

KEYWORDS

AL WAAHID

AL AHAD

AS SAMAD

AL QAADIR

AL MUQTADIR

WORD SEARCH

99 NAMES OF ALLAH

A	L	L	A	L	Q	A	A	D	I	R	U	I	O	P	L	I	K	J	M	G	T
B	L	N	D	B	R	I	G	R	G	J	I	K	N	I	A	S	S	A	M	I	P
D	S	O	K	O	T	O	L	A	L	W	A	K	I	L	K	A	B	I	R	O	N
U	F	A	L	Q	A	Y	Y	U	M	U	H	Y	I	A	L	R	A	Q	I	B	A
L	L	T	M	A	S	H	S	H	A	H	E	E	D	T	U	L	O	L	M	K	J
R	I	L	O	R	I	R	K	A	A	S	S	A	L	A	M	A	E	H	A	O	P
A	S	S	A	B	T	A	L	Q	A	L	A	L	A	H	A	D	A	N	O	A	K
S	C	O	N	N	E	H	T	Q	O	N	G	H	I	A	L	M	U	M	I	T	T
A	L	H	A	M	I	D	U	I	B	O	L	O	A	L	L	U	M	A	H	O	J
E	P	O	U	A	L	M	U	Q	A	D	D	I	M	M	C	A	N	N	O	A	K
E	A	S	S	A	M	A	D	S	E	M	C	A	M	A	J	E	R	S	E	O	T
D	L	O	L	L	I	S	S	I	A	L	M	U	A	K	H	K	H	I	R	D	D
M	B	O	N	N	E	T	U	L	O	L	O	P	O	J	L	R	T	S	E	M	C
A	A	A	L	A	W	W	A	L	E	E	N	I	D	I	E	M	U	I	O	N	K
K	I	E	O	P	L	K	C	A	L	M	Q	T	A	D	I	R	U	L	O	L	O
N	T	E	M	O	W	A	L	A	A	K	H	I	R	U	A	E	S	A	E	R	A
A	H	U	A	L	A	A	R	I	L	A	Z	D	H	A	H	I	R	B	D	I	O
L	R	M	A	L	L	A	K	I	M	A	N	A	L	H	W	S	I	B	R	A	E
G	A	M	A	G	I	K	O	C	A	L	W	A	A	H	I	D	N	I	T	L	I
R	L	M	A	D	A	N	K	H	J	T	A	L	Q	A	W	I	Y	Y	S	W	J
A	S	L	A	M	I	C	A	L	E	N	D	A	R	M	I	B	A	R	A	Q	A
D	I	S	T	A	L	M	U	H	S	I	H	A	K	U	R	O	A	D	C	O	M

KEYWORDS

AL MUQADDIM

AL MUAKHKHIR

AL AWWAL

AL AAKHIR

AZ DHAHIR

WORD SEARCH

99 NAMES OF ALLAH

A	L	L	A	L	Q	A	A	D	I	R	U	I	O	P	L	I	K	J	M	G	T
B	L	N	D	B	R	I	G	R	G	J	I	K	N	I	A	S	S	A	M	I	P
D	S	O	K	O	T	O	L	A	L	W	A	K	I	L	K	A	B	I	R	A	N
U	F	A	L	Q	A	Y	Y	U	M	U	H	Y	I	A	L	R	A	Q	I	T	A
L	L	T	M	A	S	H	S	H	A	H	E	E	D	T	U	L	O	L	M	T	J
R	I	L	O	R	I	R	K	A	A	S	S	A	L	A	M	A	E	H	A	A	P
A	S	S	A	B	T	A	L	Q	A	L	A	L	A	H	A	D	A	N	O	W	K
L	C	O	N	N	E	H	T	Q	O	N	G	H	I	A	L	M	U	M	I	W	T
W	L	H	A	M	I	D	U	I	B	O	L	O	A	L	L	U	M	A	H	A	J
A	P	O	U	A	L	M	A	Q	A	D	D	I	M	M	C	A	N	N	O	A	K
A	S	S	A	M	A	L	S	E	M	C	A	M	A	J	E	R	S	E	B	T	T
L	L	O	L	L	I	S	B	I	A	L	M	U	A	K	H	K	H	I	R	D	D
I	B	O	N	N	E	T	A	L	O	L	O	P	O	J	L	R	T	S	E	M	C
A	A	A	L	A	W	W	R	L	E	E	N	I	D	I	E	M	U	I	O	A	K
K	I	E	O	P	L	K	V	A	L	M	Q	T	A	D	I	R	U	L	O	L	O
N	T	E	M	O	W	A	L	A	A	K	H	I	R	U	A	E	S	A	E	B	A
A	H	U	A	L	A	A	R	I	L	A	Z	D	H	A	H	I	R	B	D	A	O
L	R	M	A	L	L	A	L	M	U	T	A	A	L	I	W	S	I	B	R	A	E
G	A	M	A	G	I	K	O	C	A	L	W	A	A	H	I	D	N	I	T	T	I
R	L	M	A	D	A	N	K	H	J	T	A	L	Q	A	W	I	Y	Y	S	I	J
A	S	L	A	M	I	C	A	L	E	N	D	A	R	M	I	B	A	R	A	N	A
D	I	S	T	A	L	M	U	H	S	I	H	A	K	U	R	O	A	D	C	O	M

KEYWORDS

AL BAATIN

AL WAALI

AL MUTAALI

AL BARR

AT TAWWAAB

WORD SEARCH

99 NAMES OF ALLAH

A	L	L	A	L	Q	A	A	D	I	R	U	I	O	P	L	I	K	J	M	G	T
B	L	N	D	B	R	I	G	R	G	J	I	K	N	I	A	S	S	A	M	I	P
D	S	O	K	O	T	O	L	A	L	W	A	K	I	L	K	A	B	I	R	A	N
U	F	A	L	Q	A	Y	Y	U	M	U	H	Y	I	A	L	R	A	Q	I	T	A
L	L	T	M	A	S	H	S	H	A	H	E	E	D	T	U	L	O	L	M	T	J
R	I	L	O	R	I	R	K	A	A	S	S	A	L	A	M	A	E	H	A	A	P
A	S	S	A	L	A	F	U	W	W	L	A	L	A	H	A	D	A	N	O	W	K
L	C	O	N	N	E	H	T	Q	O	N	G	H	I	A	L	M	U	M	I	W	T
W	L	H	A	M	I	D	U	I	B	O	L	O	A	L	L	U	M	A	H	A	J
A	P	O	U	A	L	M	A	Q	A	D	D	I	M	M	C	A	N	N	O	A	K
A	A	S	S	A	L	M	U	N	T	A	Q	I	M	A	J	R	S	E	B	T
L	L	O	L	L	I	S	B	I	A	L	M	U	A	K	H	R	H	I	R	D	D
I	B	O	N	N	E	T	A	L	O	L	O	P	O	J	L	A	T	S	E	M	C
A	A	A	L	A	W	W	R	L	E	E	N	I	D	I	E	U	U	I	O	A	K
K	I	E	O	P	L	K	R	A	L	M	Q	T	A	D	I	R	U	L	O	L	O
N	T	E	M	A	L	I	K	A	L	M	U	L	K	U	A	E	S	A	E	B	A
A	H	U	A	L	A	A	R	I	L	A	Z	D	H	A	H	I	R	B	D	A	O
L	R	M	A	L	L	A	L	M	U	T	A	A	L	I	W	S	I	B	R	A	E
G	A	M	A	G	I	K	O	C	A	L	W	A	A	H	I	D	N	I	T	T	I
R	L	M	A	D	A	N	K	H	J	T	A	L	Q	A	W	I	Y	Y	S	I	J
A	S	L	A	M	I	C	A	L	E	N	D	A	R	M	I	B	A	R	A	N	A
D	H	U	L	J	A	L	A	L	W	A	A	L	I	K	R	A	M	D	C	O	M

KEYWORDS

AL MUNTAQIM

AL AFUWW

AR RAUF

MALIK AL MULK

DHUL JALAL WA AL IKRAM

WORD SEARCH

99 NAMES OF ALLAH

A	L	L	A	L	Q	A	A	D	I	R	U	I	O	P	L	I	K	J	M	G	T
B	L	N	D	B	R	I	G	R	G	J	I	K	N	I	A	S	S	A	M	I	P
D	S	O	K	O	T	O	L	A	L	W	A	K	I	L	K	A	B	I	R	A	N
U	F	A	L	Q	A	Y	Y	U	M	U	H	Y	I	A	L	R	A	Q	I	T	A
L	L	T	M	A	S	H	S	H	A	H	E	E	D	T	U	L	O	L	M	T	J
R	I	L	O	R	I	R	K	A	A	S	S	A	L	A	M	A	E	H	A	A	P
A	S	S	A	L	A	F	U	W	W	L	A	L	A	H	A	D	A	N	O	W	K
L	C	O	N	N	E	H	T	Q	O	N	G	H	I	A	L	M	U	M	I	W	T
W	L	H	A	M	I	D	U	I	B	O	L	O	A	L	J	A	A	M	I	A	J
A	P	O	U	A	L	M	A	Q	A	D	D	I	M	M	C	A	N	N	O	A	K
A	A	L	G	H	A	N	I	N	T	A	Q	I	M	A	J	R	R	S	E	B	T
L	L	O	L	L	I	S	B	I	A	L	M	U	A	K	H	R	H	I	R	D	D
I	B	O	N	N	E	T	A	L	O	L	O	P	O	J	L	A	T	S	E	M	C
A	A	A	L	A	W	W	R	L	E	E	N	I	D	I	E	U	U	I	O	A	K
K	I	E	O	P	L	K	R	A	L	M	Q	T	A	D	I	F	U	L	O	L	O
N	T	E	M	A	L	I	K	A	L	M	U	L	K	U	A	E	S	A	E	B	A
A	H	U	A	L	A	A	R	I	L	A	Z	D	H	A	H	A	L	M	A	N	I
L	R	M	A	L	L	A	L	M	U	G	H	A	N	I	W	S	I	B	R	A	E
G	A	M	A	G	I	K	O	C	A	L	W	A	A	H	I	D	N	I	T	T	I
R	L	M	A	D	A	N	K	H	J	T	A	L	Q	A	W	I	Y	Y	S	I	J
A	S	L	A	M	I	C	A	L	E	N	D	A	R	M	I	B	A	R	A	N	A
D	H	U	L	J	A	L	M	U	S	Q	I	T	I	K	R	A	M	D	C	O	M

KEYWORDS

AL MUSQIT

AL JAAMI

AL GHANI

AL MUGHNI

AL MANI

WORD SEARCH

99 NAMES OF ALLAH

A	L	L	A	D	D	H	A	R	R	R	U	I	O	P	L	I	K	J	M	G	T
B	L	N	D	B	R	I	G	R	G	J	I	K	N	I	A	S	S	A	M	I	P
D	S	O	K	O	T	O	L	A	L	W	A	K	I	L	K	A	B	N	R	A	N
U	F	A	L	Q	A	Y	Y	U	M	U	H	Y	I	A	L	R	A	N	I	T	A
L	L	T	M	A	S	H	S	H	A	H	E	E	D	T	U	L	O	A	M	T	J
R	I	L	O	R	I	R	K	A	A	S	S	A	L	A	M	A	E	F	A	A	P
A	S	S	A	L	H	A	D	I	W	L	A	L	A	H	A	D	A	I	O	W	K
L	C	O	N	N	E	H	T	Q	O	N	G	H	I	A	L	M	U	M	I	W	T
W	L	H	A	M	I	D	U	I	B	O	L	O	A	L	J	A	A	M	I	A	J
A	P	O	U	A	L	M	A	Q	A	D	D	I	M	M	C	A	N	N	U	R	K
A	A	L	G	H	A	N	I	N	T	A	Q	I	M	A	J	R	R	S	E	B	T
L	L	O	L	L	I	S	B	I	A	L	M	U	A	K	H	R	I	R	D	D
I	B	O	N	N	E	T	A	L	O	L	O	P	O	J	L	A	T	S	E	M	C
A	A	A	L	A	W	W	R	L	E	E	N	I	D	I	E	U	U	I	O	A	K
K	I	E	O	P	L	K	R	A	L	M	Q	T	A	D	I	F	U	L	O	L	O
N	T	E	M	A	L	B	A	D	I	I	U	L	K	U	A	E	S	A	E	B	A
A	H	U	A	L	A	A	R	I	L	A	Z	D	H	A	H	A	L	M	A	N	I
L	R	M	A	L	L	A	L	M	U	G	H	A	N	I	W	S	I	B	R	A	E
G	A	M	A	G	I	K	O	C	A	L	W	A	A	H	I	D	N	I	T	T	I
R	L	M	A	D	A	N	K	H	J	T	A	L	Q	A	W	I	Y	Y	S	I	J
A	S	L	A	M	I	C	A	L	E	N	D	A	R	M	I	B	A	R	A	N	A
D	H	U	L	J	A	L	M	U	S	Q	I	T	I	K	R	A	M	D	C	O	M

KEYWORDS

AD DHARR

AN NAFI

AN NUR

AL HADI

AL BADII

WORD SEARCH

99 NAMES OF ALLAH

A	L	L	A	D	D	H	A	R	R	R	U	I	O	P	L	I	K	J	M	G	T
B	L	N	D	B	R	I	G	R	G	J	I	K	N	I	A	S	S	A	M	I	P
D	S	O	K	O	T	O	L	A	L	W	A	S	S	A	B	O	O	R	R	A	N
U	F	A	L	Q	A	Y	Y	U	M	U	H	Y	I	A	L	R	A	N	I	T	A
L	L	T	M	A	S	H	S	H	A	H	E	E	D	T	U	L	O	A	M	T	J
R	I	A	R	R	A	S	H	I	D	S	S	A	L	A	M	A	E	F	A	A	P
A	S	S	A	L	H	A	D	I	W	L	A	L	A	H	A	D	A	I	O	W	K
L	C	O	N	N	E	H	T	Q	O	N	G	H	I	A	L	M	U	M	I	W	T
W	L	H	A	M	I	D	U	I	B	O	L	O	A	L	J	A	A	M	I	A	J
A	P	O	U	A	L	M	A	Q	A	D	D	I	M	M	C	A	N	N	U	R	K
A	A	L	G	H	A	N	I	N	T	A	Q	I	M	A	J	R	R	S	E	B	T
L	L	O	L	L	I	S	B	I	A	L	B	A	A	Q	I	R	H	I	R	D	D
I	B	O	N	N	E	T	A	L	O	L	O	P	O	J	L	A	T	S	E	M	C
A	A	A	L	A	W	W	R	L	E	E	N	I	D	I	E	U	U	I	O	A	K
K	I	E	O	P	L	K	R	A	L	M	Q	T	A	D	I	F	U	L	O	L	O
N	T	E	M	A	L	W	A	A	R	I	T	H	K	U	A	E	S	A	E	B	A
A	H	U	A	L	A	A	R	I	L	A	Z	D	H	A	H	A	L	M	A	N	I
L	R	M	A	L	L	A	L	M	U	G	H	A	N	I	W	S	I	B	R	A	E
G	A	M	A	G	I	K	O	C	A	L	W	A	A	H	I	D	N	I	T	T	I
R	L	M	A	D	A	N	K	H	J	T	A	L	Q	A	W	I	Y	Y	S	I	J
A	S	L	A	M	I	C	A	L	E	N	D	A	R	M	I	B	A	R	A	N	A
D	H	U	L	J	A	L	M	U	S	Q	I	T	I	K	R	A	M	D	C	O	M

KEYWORDS

AL BAAQI

AL WAARITH

AR RASHID

AS SABOOR

QUIZ

1-What is Haram ?

Answer: Haram are things that are forbidden to do, use, eat, drink etc by our religion (Islam)

2-What is Sunnah?

Answer: The Sunnah is the way of Prophet Muhammad. It is what the Prophet did, his acts and attitude during his lifetime.

3-What is Hadith?

Answer: **Hadiths** are the words, deeds, approvals and the sunnah of the Prophet Muhammad (SAW). It consist of his moral and humanly qualities expressed in words or writing.

4-What is Jihad?

Answer: Jihad simplified every activity, action and movement taken in the way of Allah (SWT). It means endeavoring to make justice superior and dominant. In other words, jihad has to do with action towards propagating Islam

6-What is the name of prophet Muhammad (SAW) first wife?

Answer: **KHADIJA bint Khuwaylid**

WORD SEARCH

PROPHETS MENTIONED IN THE QURAN

A	L	L	A	D	D	H	A	R	R	R	U	I	O	P	L	I	K	J	M	G	T
B	L	N	D	B	R	I	G	R	G	J	I	K	N	I	A	S	S	A	M	I	P
D	S	O	K	O	T	O	L	A	L	W	A	S	S	A	B	O	O	R	R	A	N
U	F	A	L	Q	A	Y	Y	U	M	U	H	Y	I	A	L	R	A	N	I	T	A
L	L	T	M	A	S	H	S	H	A	H	E	E	D	T	U	L	O	A	M	T	J
R	I	A	R	R	A	S	H	I	D	S	S	S	A	L	I	H	A	E	F	A	A	P
A	S	S	A	L	H	A	D	I	W	L	A	L	A	H	A	D	A	I	O	W	K
L	C	O	N	N	E	H	T	Q	O	N	G	H	I	A	L	M	U	M	I	W	T
W	L	H	A	D	A	M	U	I	B	O	L	O	A	L	J	A	A	M	I	A	J
A	P	O	U	A	L	M	A	Q	A	D	D	I	M	M	C	A	N	N	U	R	K
A	A	L	G	H	A	N	I	N	T	A	Q	I	M	A	J	R	R	S	E	B	T
L	L	O	L	L	I	S	B	I	A	L	U	T	A	Q	I	R	H	I	R	D	D
I	B	O	N	N	E	T	A	L	O	L	O	P	O	J	L	A	T	S	E	M	C
A	A	A	L	A	W	W	R	L	E	E	N	I	D	I	E	N	U	H	O	A	K
K	I	E	O	P	L	K	R	A	L	M	Q	T	A	D	I	F	U	L	O	L	O
N	T	E	M	A	L	W	A	A	A	H	U	D	H	K	U	A	E	S	A	E	B	A
A	H	U	A	L	A	A	R	I	L	A	Z	D	H	A	H	A	L	M	A	N	I
L	R	M	A	L	L	A	L	M	U	G	H	A	N	I	W	S	I	B	R	A	E
G	A	M	A	G	I	K	O	C	A	L	W	A	A	A	H	I	D	N	I	T	T	I
R	L	M	A	D	A	N	K	H	J	T	A	L	Q	A	W	I	Y	Y	S	I	J
A	S	L	A	M	I	C	A	L	E	N	D	A	R	M	I	B	A	R	A	N	A
D	H	U	L	J	A	L	M	U	S	Q	I	T	I	K	R	A	M	D	C	O	M

KEYWORDS

ADAM

NUH

HUD

SALIH

LUT

WORD SEARCH

25 PROPHETS MENTIONED IN THE QURAN

A	L	L	A	D	D	H	A	R	R	R	U	I	O	P	L	I	K	J	M	G	T
B	L	N	D	B	R	I	G	R	G	J	I	K	N	I	A	S	S	A	M	I	P
D	S	O	K	O	T	O	L	A	L	W	A	I	S	A	Q	O	O	R	R	A	N
U	F	A	L	Q	A	Y	Y	U	M	U	H	Y	I	A	L	R	A	N	I	T	A
L	L	T	M	A	S	H	S	H	A	H	E	E	D	T	U	L	O	A	M	T	J
R	Y	A	Q	U	B	S	H	I	D	S	S	A	L	I	H	A	E	F	A	A	P
A	S	S	A	L	H	A	D	I	W	L	A	L	A	H	A	D	A	I	O	W	K
L	C	O	N	N	E	H	T	Q	O	N	G	H	I	A	L	M	U	M	I	W	T
W	L	H	A	D	A	M	U	I	B	O	L	O	A	L	J	A	A	M	I	A	J
A	P	O	U	A	L	M	A	Q	A	D	D	I	M	M	C	A	N	N	U	R	K
A	A	L	G	H	A	N	I	N	T	A	Q	S	M	A	J	R	R	S	E	B	T
L	L	O	L	L	I	S	B	I	A	L	U	M	A	Q	I	R	H	I	R	D	D
I	B	O	N	N	E	T	A	L	O	L	O	A	O	J	L	A	T	S	E	M	C
A	A	A	L	A	W	W	R	L	E	E	N	I	D	I	E	N	U	H	O	A	K
K	I	B	R	A	H	I	M	A	L	M	Q	D	A	D	I	F	U	L	O	L	O
N	T	E	M	A	L	W	A	A	H	U	D	H	K	U	A	E	S	A	E	B	A
A	H	U	A	L	A	A	R	I	L	A	Z	D	H	A	H	A	L	M	A	N	I
L	R	M	A	L	L	A	L	M	U	G	H	A	N	I	W	S	I	B	R	A	E
G	A	M	A	G	I	K	O	C	A	L	W	A	A	H	I	D	N	I	T	T	I
R	L	M	A	D	A	N	K	H	J	T	A	L	Q	A	W	I	Y	Y	S	I	J
A	S	L	A	M	I	C	A	L	E	N	Y	U	S	U	F	B	A	R	A	N	A
D	H	U	L	J	A	L	M	U	S	Q	I	T	I	K	R	A	M	D	C	O	M

KEYWORDS

IBRAHIM

ISMAIL

ISHAQ

YAQUB

YUSUF

WORD SEARCH

25 PROPHETS MENTIONED IN THE QURAN

A	L	L	A	D	D	H	A	R	R	U	I	O	P	L	I	S	J	M	G	T
B	L	N	D	B	R	I	G	R	G	J	I	K	N	I	A	S	H	A	M	P
D	S	O	K	O	T	O	L	A	L	W	A	I	S	A	Y	Y	U	B	R	N
U	F	A	L	Q	A	Y	Y	U	M	U	H	Y	I	A	L	R	A	N	I	A
L	L	T	M	A	S	H	S	H	A	H	E	E	D	T	U	L	I	A	M	J
R	Y	A	Q	U	B	S	H	I	D	S	S	A	L	I	H	A	D	F	A	P
A	S	M	A	L	H	A	D	I	W	L	A	L	A	H	A	D	A	I	O	K
L	C	U	N	N	E	H	T	Q	O	N	G	H	I	A	L	M	U	M	I	T
W	L	S	A	D	A	A	U	I	B	O	L	O	A	L	J	A	A	M	I	J
A	P	A	U	A	L	R	A	Q	A	D	D	I	M	M	C	A	N	N	U	K
A	A	L	G	H	A	U	I	N	T	A	Q	S	M	A	J	R	R	S	E	T
L	L	O	L	L	I	N	B	I	A	L	U	M	A	Q	I	R	H	I	D	D
I	B	O	N	N	E	T	A	L	O	L	O	A	O	J	L	A	T	S	E	C
A	A	A	L	A	W	W	R	L	E	E	N	I	D	I	E	N	U	H	O	K
K	I	B	R	A	H	I	M	A	L	M	Q	L	A	D	I	F	U	L	O	O
N	T	E	M	A	L	W	A	A	H	U	D	H	K	U	A	E	S	A	E	A
A	H	U	A	L	A	A	R	I	L	A	Z	D	H	A	H	A	L	M	A	I
L	R	M	A	L	L	A	L	M	U	G	H	A	N	I	W	S	I	B	R	E
G	A	M	A	G	I	K	O	C	A	L	W	A	A	H	I	D	N	I	T	I
R	L	M	A	D	A	N	K	H	J	T	A	D	H	U	L	K	I	F	L	J
A	S	L	A	M	I	C	A	L	E	N	Y	U	S	U	F	B	A	R	N	A
D	H	U	L	J	A	L	M	U	S	Q	I	T	I	K	R	A	M	D	C	M

KEYWORDS

SHUAIB

AYYUB

DHULKIFL

MUSA

HARUN

74

WORD SEARCH

25 PROPHETS MENTIONED IN THE QURAN

A	L	L	A	D	D	H	A	R	R	R	U	I	O	P	L	I	S	J	M	G	T
B	L	N	D	B	R	I	G	R	G	J	I	K	N	I	A	S	H	A	M	I	P
D	Y	U	N	U	S	O	L	A	L	W	A	I	S	A	Y	Y	U	B	R	A	N
U	F	A	L	Q	A	Y	Y	U	M	U	H	Y	I	A	L	R	A	N	I	T	A
L	L	T	M	A	S	H	S	H	A	H	E	E	D	T	U	L	I	A	M	T	J
R	Y	A	Q	U	B	S	H	I	D	S	S	A	L	I	H	A	B	F	A	A	P
A	S	M	A	L	H	A	D	I	W	L	I	L	I	A	S	D	A	I	O	W	K
L	C	U	N	N	E	H	T	Q	O	N	G	H	I	A	L	M	U	M	I	W	T
W	L	S	U	L	A	Y	M	A	N	O	L	O	A	L	J	A	A	M	I	A	J
A	P	A	U	A	L	R	A	Q	A	D	D	I	M	M	C	A	N	N	U	R	K
A	A	L	G	H	A	U	I	N	T	A	Q	S	M	A	J	R	R	S	E	B	T
L	L	O	L	L	I	N	B	I	A	L	U	M	A	Q	I	R	H	I	R	D	D
I	B	O	N	N	E	T	A	L	O	L	O	A	O	J	L	A	T	S	E	M	C
A	A	A	L	A	W	W	R	L	E	E	N	I	D	I	E	N	U	H	O	A	K
K	I	B	R	A	H	I	M	A	L	M	Q	L	A	D	I	F	U	L	O	L	O
N	T	E	M	A	L	W	A	A	H	U	D	H	K	U	A	E	S	A	E	B	A
A	H	D	A	L	A	A	R	I	L	A	Z	A	L	Y	A	S	A	M	A	N	I
L	R	A	A	L	L	A	L	M	U	G	H	A	N	I	W	S	I	B	R	A	E
G	A	W	A	G	I	K	O	C	A	L	W	A	A	H	I	D	N	I	T	T	I
R	L	U	A	D	A	N	K	H	J	T	A	D	H	U	L	K	I	F	L	I	J
A	S	A	A	M	I	C	A	L	E	N	Y	U	S	U	F	B	A	R	A	N	A
D	H	U	L	J	A	L	M	U	S	Q	I	T	I	K	R	A	M	D	C	O	M

KEYWORDS

DAWUD

SULAYMAN

ILIAS

ALYASA

YUNUS

WORD SEARCH

25 PROPHETS MENTIONED IN THE QURAN

A	L	L	A	D	D	H	A	R	R	R	U	I	O	P	L	I	S	J	M	G	T
B	L	N	D	B	R	I	G	R	G	J	I	K	N	I	A	S	H	A	M	I	P
D	Y	U	N	U	S	O	L	A	L	W	A	I	S	A	Y	Y	U	B	R	A	N
U	F	A	L	Q	A	Y	Y	U	M	U	H	Y	I	A	L	R	A	N	I	T	A
L	L	T	M	U	H	A	M	M	A	D	E	E	D	T	U	L	I	A	M	T	J
R	Y	A	Q	U	B	S	H	I	D	S	S	A	L	I	H	A	B	F	A	A	P
A	S	M	A	L	H	A	D	I	W	L	I	L	I	A	S	D	A	I	O	W	K
L	C	U	N	N	E	H	T	Q	O	N	G	H	I	A	L	M	U	Y	I	W	T
W	L	S	U	L	A	Y	M	A	N	O	L	O	A	L	J	A	A	A	I	A	J
A	P	A	U	A	L	R	A	Q	A	D	D	I	M	M	C	A	N	H	U	R	K
A	A	L	G	H	A	U	I	N	T	A	Q	S	M	A	J	R	R	Y	E	B	T
L	L	O	L	L	I	N	B	I	A	L	U	M	A	Q	I	R	H	A	R	D	D
I	B	O	N	N	E	T	A	L	O	L	O	A	O	J	L	A	T	S	E	M	C
A	A	A	L	A	W	W	R	L	E	E	N	I	S	A	E	N	U	H	O	A	K
K	I	B	R	A	H	I	M	A	L	M	Q	L	A	D	I	F	U	L	O	L	O
N	T	E	M	A	L	W	A	A	H	U	D	H	K	U	A	E	S	A	E	B	A
A	H	D	A	L	A	A	R	I	L	A	Z	A	L	Y	A	S	A	M	A	N	I
L	Z	A	K	A	R	I	Y	A	U	G	H	A	N	I	W	S	I	B	R	A	E
G	A	W	A	G	I	K	O	C	A	L	W	A	A	H	I	D	N	I	T	T	I
R	L	U	A	D	A	N	K	H	J	T	A	D	H	U	L	K	I	F	L	I	J
A	S	D	A	M	I	C	A	L	E	N	Y	U	S	U	F	B	A	R	A	N	A
D	H	U	L	J	A	L	M	U	S	Q	I	T	I	K	R	A	M	D	C	O	M

KEYWORDS

ZAKARIYA

YAHYA

ISA

MUHAMMAD

WORD SEARCH

WIVES OF THE PROPHET MUHAMMAD (SAW)

A	L	L	A	D	D	H	A	R	R	R	U	I	O	P	L	I	S	J	M	G	T
B	L	N	D	B	R	I	G	R	G	J	I	K	N	I	A	S	H	A	M	I	P
D	Y	U	N	U	S	O	L	A	L	W	A	I	S	A	Y	Y	U	B	R	A	N
K	H	A	D	I	J	A	H	U	M	U	H	Y	I	A	L	R	A	N	I	T	A
L	L	T	M	U	H	A	M	M	A	D	E	E	D	T	U	L	I	A	M	T	J
R	Y	A	Q	U	B	S	H	I	D	S	S	A	L	I	H	A	B	F	A	A	P
A	S	M	A	L	H	A	D	I	W	L	I	L	I	A	S	D	A	I	O	W	K
L	C	U	N	N	E	H	T	Q	O	N	G	S	A	W	A	D	A	Y	I	W	T
W	L	S	U	L	A	Y	M	A	N	O	L	O	A	L	J	A	A	A	I	A	J
A	P	A	U	A	L	R	A	Q	A	D	D	I	M	M	C	A	N	H	U	R	K
A	A	L	G	H	A	U	I	N	T	A	Q	S	M	A	J	R	R	Y	E	B	T
L	L	O	L	L	I	N	A	I	S	H	A	M	A	Q	I	R	H	A	R	D	D
I	Z	A	Y	N	A	B	A	L	O	L	O	A	O	J	L	A	T	S	E	M	C
A	A	A	L	A	W	W	R	L	E	E	N	I	S	A	E	N	U	H	O	A	K
K	I	B	R	A	H	I	M	A	L	M	Q	H	A	F	S	A	U	L	O	L	O
N	T	E	M	A	L	W	A	A	H	U	D	H	K	U	A	E	S	A	E	B	A
A	H	D	A	L	A	A	R	I	L	A	Z	A	L	Y	A	S	A	M	A	N	I
L	Z	A	K	A	R	I	Y	A	U	G	H	A	N	I	W	S	I	B	R	A	E
G	A	W	A	G	I	K	O	C	A	L	W	A	A	H	I	D	N	I	T	T	I
R	L	U	A	D	A	N	K	H	J	T	A	D	H	U	L	K	I	F	L	I	J
A	S	D	A	M	I	C	A	L	E	N	Y	U	S	U	F	B	A	R	A	N	A
D	H	U	L	J	A	L	M	U	S	Q	I	T	I	K	R	A	M	D	C	O	M

KEYWORDS

KHADIJAH

SAWADA

AISHA

HAFSA

ZAYNAB

WORD SEARCH

WIVES OF THE PROPHET MUHAMMAD (SAW)

A	L	L	A	D	D	H	A	R	R	R	U	I	O	P	L	I	S	J	M	G	T
B	L	N	D	B	R	I	G	R	G	J	I	K	N	I	A	S	H	A	M	I	P
D	Y	U	N	U	S	O	L	A	L	W	A	I	S	A	Y	Y	U	B	R	A	N
K	H	A	D	I	J	U	W	A	Y	R	I	Y	A	A	L	R	A	U	I	T	A
L	L	T	M	U	H	A	M	M	A	D	E	E	D	T	U	L	I	M	M	T	J
R	Y	A	Q	U	B	S	H	I	D	S	S	A	L	I	H	A	B	M	A	A	P
A	S	M	A	L	H	A	D	M	A	R	I	A	A	L	Q	I	B	S	O	W	K
L	C	U	N	N	E	H	T	Q	O	N	G	S	A	W	A	D	A	A	I	W	T
W	L	S	U	M	M	H	A	B	I	B	A	R	A	M	L	A	A	L	I	A	J
A	P	A	U	A	L	R	A	Q	A	D	D	I	M	M	C	A	N	A	U	R	K
A	A	L	G	H	A	U	I	N	T	A	Q	S	M	A	J	R	R	M	E	B	T
L	L	O	L	L	I	N	A	I	S	H	A	M	A	Q	I	R	H	A	R	D	D
I	Z	A	Y	N	M	B	A	L	O	L	O	A	O	J	L	A	T	H	E	M	C
A	A	A	L	S	A	F	I	Y	Y	A	N	I	S	A	E	N	U	I	O	A	K
K	I	B	R	A	Y	I	M	A	L	M	Q	H	A	F	S	A	U	N	O	L	O
N	T	E	M	A	M	W	A	A	H	U	D	H	K	U	A	E	S	D	E	B	A
A	H	D	A	L	U	A	R	I	L	A	Z	A	L	Y	A	S	A	M	A	N	I
L	Z	A	K	A	N	I	Y	A	U	G	H	A	N	I	W	S	I	B	R	A	E
G	A	W	A	G	A	K	O	C	A	L	W	A	A	H	I	D	N	I	T	T	I
R	L	U	A	D	A	N	K	H	J	T	A	D	H	U	L	K	I	F	L	I	J
A	S	D	A	M	A	R	I	A	A	L	Q	I	B	T	I	Y	Y	A	A	N	A
D	H	U	L	J	A	L	M	U	S	Q	I	T	I	K	R	A	M	D	C	O	M

KEYWORDS

UMM SALAMA HIND

JUWAYRIYA

UMM HABIBA RAMLA

SAFIYYA

MAYMUNA

MARIA AL-QIBTIYYA

WORD SEARCH

GENERAL KNOWLEDGE

A	L	L	A	D	D	H	A	R	R	R	U	I	O	P	L	I	S	J	M	G	T
B	L	N	D	B	R	I	G	R	G	J	I	K	N	I	A	S	H	A	M	I	P
D	Y	U	N	U	S	O	L	A	L	W	A	I	S	A	Y	Y	U	B	R	A	N
K	H	A	D	I	J	U	W	A	Y	R	I	Y	A	A	L	R	A	U	I	T	A
L	L	T	J	I	H	A	D	M	A	D	E	E	D	T	U	L	I	M	M	T	J
R	Y	A	Q	U	B	S	H	I	D	S	S	A	H	I	H	A	B	M	A	A	P
A	S	M	A	L	H	A	D	M	A	R	I	A	A	L	Q	I	B	S	O	W	K
L	C	U	N	N	E	H	T	Q	O	N	G	S	R	W	A	D	A	A	I	W	T
W	L	S	U	M	A	K	K	A	H	B	A	R	A	M	L	A	A	L	I	A	J
A	P	A	U	A	L	R	A	Q	A	D	D	I	M	M	C	A	N	A	U	R	K
A	A	L	G	H	A	U	I	N	T	A	Q	S	M	A	J	R	R	M	E	B	T
L	L	O	L	L	I	N	A	I	S	H	A	M	A	Q	I	R	H	A	R	D	D
I	Z	A	Y	N	M	B	A	L	O	L	O	A	O	J	L	A	T	H	E	M	C
A	A	A	L	S	U	N	N	A	H	A	N	I	S	A	E	N	U	I	O	A	K
K	I	B	R	A	Y	I	M	A	L	M	Q	H	A	F	S	A	U	N	O	L	O
N	T	E	M	A	M	W	A	A	H	U	D	H	A	D	I	T	H	D	E	B	A
A	H	D	A	L	U	A	R	I	L	A	Z	A	L	Y	A	S	A	M	A	N	I
L	Z	A	K	A	N	I	Y	A	U	G	H	A	N	I	W	S	I	B	R	A	E
G	A	W	A	G	A	K	O	C	A	L	W	A	A	H	I	D	N	I	T	T	I
R	L	U	A	D	A	N	K	H	J	T	A	D	H	U	L	K	I	F	L	I	J
A	S	D	A	M	A	R	I	A	A	L	Q	I	B	T	I	Y	Y	A	A	N	A
D	H	U	L	J	A	L	M	U	S	Q	I	T	I	K	R	A	M	D	C	O	M

KEYWORDS

MAKKAH

HARAM

SUNNAH

HADITH

JIHAD

WORD SEARCH

GENERAL KNOWLEDGE

A	L	L	A	D	D	H	A	R	R	R	U	I	O	P	L	I	S	J	M	G	T
B	L	N	D	B	R	I	G	R	G	J	I	K	N	I	A	S	H	A	M	I	P
D	Y	U	N	U	S	O	L	A	L	W	A	I	S	A	Y	Y	U	B	R	A	N
K	H	A	D	I	J	U	W	A	Y	R	I	Y	A	A	L	R	A	U	I	T	A
L	L	T	J	I	B	A	D	A	H	D	E	E	D	T	U	L	I	M	M	T	J
R	Y	A	Q	U	B	S	H	I	D	S	S	A	H	I	H	A	B	M	A	A	P
A	S	M	A	L	H	A	D	M	A	R	I	A	A	L	Q	I	B	S	O	W	K
L	C	U	N	N	E	H	T	Q	O	N	G	S	R	W	A	D	A	A	I	W	T
W	L	S	U	M	A	K	K	A	H	B	A	R	A	M	L	A	A	L	I	A	J
A	P	A	K	A	A	B	A	H	A	D	D	I	M	M	C	A	N	A	U	R	K
A	A	L	G	H	A	U	I	N	T	A	Q	S	M	A	J	R	R	M	E	B	T
L	L	O	L	L	I	N	A	I	S	H	A	M	A	S	J	I	D	A	R	D	D
I	Z	A	Y	N	M	B	A	L	O	L	O	A	O	J	L	A	T	H	E	M	C
A	A	A	L	S	U	N	N	A	H	A	N	I	S	A	E	N	U	I	O	A	K
K	I	B	R	A	Y	I	M	A	L	M	Q	H	A	F	S	A	U	N	O	L	O
N	T	E	M	A	M	W	A	A	H	U	D	H	A	D	I	T	H	D	E	B	A
A	H	D	A	L	U	A	R	I	L	A	Z	A	L	Y	A	S	A	M	A	N	I
L	R	A	M	A	D	A	N	A	U	G	H	A	N	I	W	S	I	B	R	A	E
G	A	W	A	G	A	K	O	C	A	L	W	A	A	H	I	D	N	I	T	T	I
R	L	U	A	D	A	N	K	H	J	T	A	D	H	U	L	K	I	F	L	I	J
A	S	D	A	M	A	R	I	A	A	L	Q	I	B	T	I	Y	Y	A	A	N	A
D	H	U	L	J	A	L	M	U	S	Q	I	T	I	K	R	A	M	D	C	O	M

KEYWORDS

IBADAH

MASJID

RAMADAN

KAABAH

WORD SEARCH

CHILDREN OF THE PROPHET MUHAMMAD (SAW)

A	L	L	A	D	D	H	A	R	R	R	U	I	O	P	L	I	S	J	F	G	T
B	L	N	D	B	R	I	G	R	G	J	I	K	N	I	A	S	H	A	A	I	P
D	Y	U	M	M	K	U	L	T	H	U	M	I	S	A	Y	Y	U	B	T	A	N
K	H	A	D	I	J	U	W	A	Y	R	I	Y	A	A	L	R	A	U	I	T	A
L	L	T	M	U	H	A	M	M	A	D	E	E	D	T	U	L	I	M	M	T	J
R	Y	A	Q	U	B	S	H	I	D	S	S	A	L	I	H	A	B	M	A	A	P
A	S	M	A	L	H	A	D	M	A	R	I	A	A	L	Q	I	B	S	H	W	K
L	C	U	N	N	E	H	T	Q	O	N	G	S	A	W	A	D	A	A	I	W	T
W	L	S	U	M	M	H	A	B	I	B	A	R	A	M	L	A	A	L	I	A	J
A	P	A	U	A	L	R	A	Q	A	D	D	I	M	M	C	A	N	A	U	R	K
A	A	L	G	H	R	U	Q	A	Y	Y	A	H	M	A	J	R	R	M	E	B	T
L	L	O	L	L	I	N	A	I	S	H	A	M	A	Q	I	R	H	A	R	D	D
I	Z	A	Y	N	M	B	A	L	O	L	O	A	I	B	R	A	H	I	M	M	C
A	A	A	L	S	A	F	I	Y	Y	A	N	I	S	A	E	N	U	I	O	A	K
K	I	B	R	A	Y	I	M	A	L	M	Q	H	A	F	S	A	U	N	O	L	O
N	T	E	M	A	M	W	A	A	H	U	D	H	K	Z	A	I	N	A	B	B	A
A	H	U	M	M	S	A	L	I	L	A	Z	A	L	Y	A	S	A	M	A	N	I
L	Z	A	K	A	N	I	Y	A	U	G	H	A	N	I	W	S	I	B	R	A	E
G	A	Q	A	S	I	M	O	C	A	L	W	A	B	D	A	L	L	A	H	T	I
R	L	U	A	D	A	N	K	H	J	T	A	D	H	U	L	K	I	F	L	I	J
A	S	D	A	M	A	R	I	A	A	L	Q	I	B	T	I	Y	Y	A	A	N	A
D	H	U	L	J	A	L	M	U	S	Q	I	T	I	K	R	A	M	D	C	O	M

KEYWORDS

QASIM

ZAINAB

RUQAYYAH

FATIMAH

UMM KULTHUM

ABD-ALLAH

IBRAHIM

SIX ARTICLES OF FAITHS

A	L	L	A	D	D	H	A	R	R	U	I	O	P	L	I	S	J	F	G	B
B	E	L	I	E	V	E	I	N	J	U	D	G	E	M	E	N	T	D	A	Y
D	Y	U	M	M	K	U	L	T	H	U	M	I	S	A	Y	Y	U	B	T	A
K	H	A	D	I	J	U	W	A	Y	R	I	Y	A	A	L	R	A	U	I	T
L	L	T	M	U	H	A	M	M	A	D	E	E	D	T	U	L	I	M	M	T
R	Y	A	Q	U	B	S	H	I	D	S	S	A	L	I	H	A	B	M	A	V
A	S	M	A	L	H	A	D	M	A	R	I	A	A	L	Q	I	B	S	H	W
L	C	U	N	N	E	H	T	Q	O	N	G	S	A	W	A	D	A	A	I	W
B	E	L	I	E	V	E	I	N	B	O	O	K	S	O	F	A	L	L	A	H
A	P	A	U	A	L	R	A	Q	A	D	D	I	M	M	C	A	N	A	U	R
A	A	L	G	H	R	U	Q	A	Y	Y	A	H	M	A	J	R	R	M	E	B
L	L	O	L	L	I	N	A	I	S	H	A	M	A	Q	I	R	H	A	R	D
B	E	L	I	E	V	E	I	N	D	I	V	I	N	E	D	E	C	R	E	E
A	A	A	L	S	A	F	I	Y	Y	A	N	I	S	A	E	N	U	I	O	A
K	I	B	R	A	Y	I	M	A	L	M	Q	H	A	F	S	A	U	N	O	L
N	T	E	M	A	M	W	A	A	H	U	D	H	K	Z	A	I	N	A	B	B
A	H	U	M	M	S	A	L	I	L	A	Z	A	L	Y	A	S	A	M	A	N
L	Z	A	K	A	N	I	Y	A	U	G	H	A	N	I	W	S	I	B	R	A
G	A	Q	A	S	B	E	L	I	E	V	E	I	N	A	N	G	E	L	S	T
R	L	U	A	D	A	N	K	H	J	T	A	D	H	U	L	K	I	F	L	I
A	S	B	E	L	I	E	V	E	I	N	A	L	L	A	H	Y	Y	A	A	N
D	H	U	L	J	A	L	M	U	S	Q	I	T	I	K	R	A	M	D	C	O

KEYWORDS

BELIEVE IN ALLAH

BELIEVE IN ANGELS

BELIEVE IN BOOKS OF ALLAH

BELIEVE IN THE PROPHETS

BELIEVE IN JUDGEMENT DAY

BELIEVE IN DIVINE DECREE

JAZAKUMULLAH KHAIRAN

Made in the USA
Columbia, SC
31 March 2023